玄門真宗

# 關聖帝君促機神算

## 五方圓融法訣

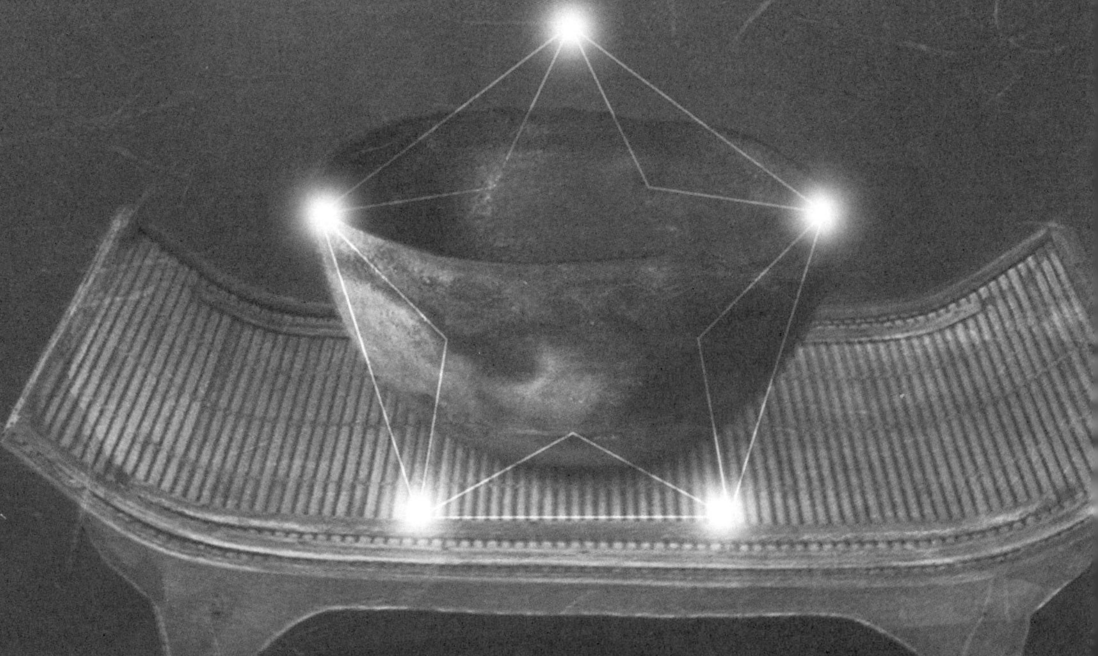

玄興教尊◎指導 蔡秋生◎編撰

# 序　不明因果　休勿論命

自古以來不論升斗小民、富商巨賈亦或達官貴人，皆流傳盛行且深信不疑能論人吉凶、斷人禍福之方法，實在是非常之多，如子平八字、紫微斗數、易經占卜、鐵板神數、堪輿風水、手相、面相、米卦、龜卜、西洋星座……等等不勝枚舉。而其中或有鐵口直斷，或有奇準無比，直測其吉凶禍福，何時何地會發生何事，如斷甲於某年某月某日有車禍血光、論乙於幾歲事業會一敗塗地、指丙於何年會夫妻離婚，時日一到、年歲已屆，也許令人驚嘆不已、神準無誤，車禍發生了、事業失敗了、夫妻分手了，一一皆應驗，但在驚訝其準之餘，我們是否該靜下心來思索一番，準又能奈何？應驗又對我有何助益呢？是徒增困擾，讓人心神不寧呢？亦或是在尚未發生之時日裡，終日提心吊膽、驚恐不已呢？若是如此，預知吉凶禍福之目的又是為何呢？

也許有人會在所謂高人的指導下趨吉避凶逃過一劫而暗自慶幸竊喜，然而「劫」

真的過了嗎？「禍」真的避了嗎？「因業果報、報應不爽」，是天理、是法則、是定律，難道是空話，瞞騙我們的嗎？「種瓜得瓜、種豆得豆」，種何因結何果的自然法則怎可能會改變呢？因此，即使在災禍來臨時能僥倖避過一劫，然而那是治標，就如同生病看醫生一樣，當某器官病痛時，醫生給你吃藥打針後病痛表面上解除了，但追根究底，病真的痊癒了嗎？我想未必然，在吃藥打針後只是暫時將病菌壓抑下去或消滅部分，若不去深究引起此病痛之根本原因並尋求改善之道，其復發之機率是非常之高。同理，人之災劫禍事，若不從根底去瞭解與改宜，如何能永離災劫禍凶呢？

「促機神算」妙法，除了預知人的吉凶禍福外，其趨吉避凶消災解厄之法，乃是「標」「本」兼治，不但能避其凶禍，更能化解引起此禍之因，如此既能將冤結糾纏徹底而完全的化解，亦不違背因果業報之天理法則，這般殊勝之妙法，能不讚嘆！能不珍惜嗎？

## 第一章　神算篇



## 第二章　基礎篇

## 第三章 促機篇



## 第四章 因緣篇

# 第五章 業報篇

## 第六節　業報若為「旺相」顯現於「人事時地物」之意　二二八



## 第七節　業報若為「休囚死」顯現於「人事時地物」之意　二四六

# 第六章 制解篇

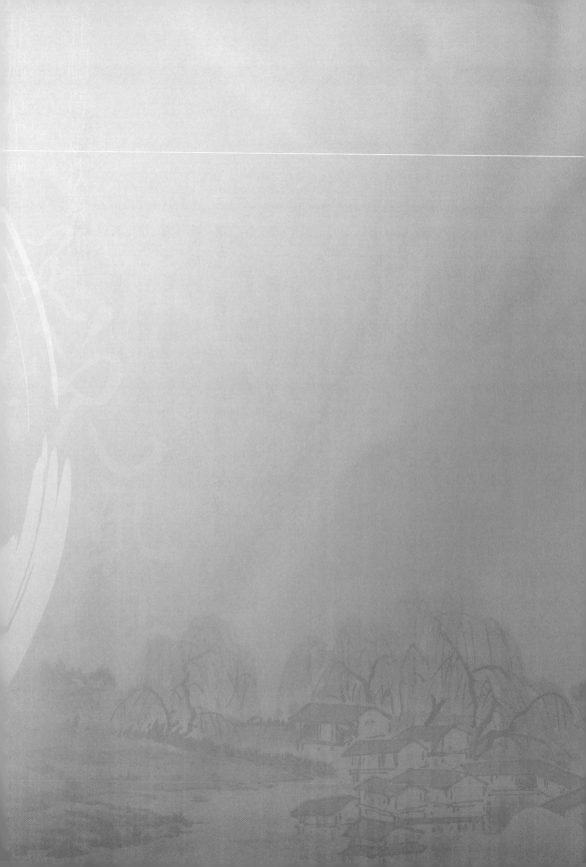

# 第一章 神算篇

您

一直為病痛所困擾嗎？

一直工作不順利嗎？

一直有血光意外之災嗎？

一直求財難遂嗎？

一直夫妻感情不睦嗎？

一直得不到長官、上司之賞識嗎？

一直碰不到良善之因緣嗎？

一直考運不佳嗎？

一直事業經營不順嗎？

一直上演婆媳大戰嗎？

一直期盼送子觀音捎來喜訊嗎？

問題到底出在哪裡呢？

想知道答案嗎？

想要改善調整化解嗎？

# 第一節　「促機神算」因緣之步驟

您一直為病痛所困擾嗎？一直犯小人中傷嗎？一直工作不順利嗎？一直有口舌是非嗎？一直有血光意外之災嗎？一直求財難遂嗎？一直心緒不寧、心神不安嗎？一直夫妻感情不睦嗎？一直受朋友、同事瞧不起嗎？一直受父母兄弟冷落嗎？一直得不到長官、上司之賞識嗎？一直有志難伸嗎？一直兄弟、妯娌紛爭不斷嗎？一直碰不到良善之因緣嗎？一直沒有貴人提攜牽成嗎？一直家庭不和諧嗎？一直受子女忤逆嗎？一直考運不佳、成績不理想嗎？一直人際關係不佳嗎？一直事業經營不順嗎？一直被倒會或虧錢嗎？一直上演婆媳大戰嗎？一直遇到爛桃花嗎？一直追求生命真意而不得其門嗎？一直期盼送子觀音捎來喜訊嗎？林林總總的困擾、失望、無奈、遺憾所組成的人生，真是令人情何以堪？然而靜心而思都是生而為人，怎麼我會如此之「背」呢？問題到底出在哪裡呢？想知道答案嗎？想要改善調整化解嗎？

如果答案是肯定的，那請您現在靜下心來，依照以下之說明及引導，試著尋找出困擾已久之問題癥結及解決之道。

一、請先從表一（第14頁）中查出您「出生年」的屬性代號。（以農曆為準）。

二、請將書後所附之「促機神算卡」裁下後，將卡片上有「玉皇大天尊玄靈高上帝」之法相的那一面向上，而印有「各種顏色」的那一面向下，並任意隨機排列卡片。

三、請靜下心來並閉上眼睛，心中虔敬的默唸「玉皇大天尊玄靈高上帝或心中敬仰之神佛」三遍。

四、心中默唸「自己的姓名、住址、出生年月日及想問之事」。（若是替人請示，則請默唸求問者之資料）

五、請將五張「促機神算卡」任意隨機排列後，再從中抽取一張卡片，看選出的卡片是何種顏色，然後依以下說明而做。

六、若出生年之屬性代號為「1」者，請翻至第16頁。
若出生年之屬性代號為「2」者，請翻至第18頁。
若出生年之屬性代號為「3」者，請翻至第21頁。
若出生年之屬性代號為「4」者，請翻至第23頁。
若出生年之屬性代號為「5」者，請翻至第26頁。

# 出生年的屬性代號表（表一）

出生年指的是中華民國幾年：

| 出生年 | 代號 |
|---|---|
| 01 | 1 |
| 02 | 1 |
| 03 | 5 |
| 04 | 5 |
| 05 | 3 |
| 06 | 3 |
| 07 | 2 |
| 08 | 2 |
| 09 | 1 |
| 10 | 1 |
| 11 | 5 |
| 12 | 5 |
| 13 | 4 |
| 14 | 4 |
| 15 | 2 |

| 出生年 | 代號 |
|---|---|
| 16 | 2 |
| 17 | 1 |
| 18 | 1 |
| 19 | 3 |
| 20 | 3 |
| 21 | 4 |
| 22 | 4 |
| 23 | 2 |
| 24 | 2 |
| 25 | 5 |
| 26 | 5 |
| 27 | 3 |
| 28 | 3 |
| 29 | 4 |
| 30 | 4 |

| 出生年 | 代號 |
|---|---|
| 31 | 1 |
| 32 | 1 |
| 33 | 5 |
| 34 | 5 |
| 35 | 3 |
| 36 | 3 |
| 37 | 2 |
| 38 | 2 |
| 39 | 1 |
| 40 | 1 |
| 41 | 5 |
| 42 | 5 |
| 43 | 4 |
| 44 | 4 |
| 45 | 2 |

| 出生年 | 代號 |
|---|---|
| 46 | 2 |
| 47 | 1 |
| 48 | 1 |
| 49 | 3 |
| 50 | 3 |
| 51 | 4 |
| 52 | 4 |
| 53 | 2 |
| 54 | 2 |
| 55 | 5 |
| 56 | 5 |
| 57 | 3 |
| 58 | 3 |
| 59 | 4 |
| 60 | 4 |

| 出生年 | 代號 |
|---|---|
| 61 | 1 |
| 62 | 1 |
| 63 | 5 |
| 64 | 5 |
| 65 | 3 |
| 66 | 3 |
| 67 | 2 |
| 68 | 2 |
| 69 | 1 |
| 70 | 1 |
| 71 | 5 |
| 72 | 5 |
| 73 | 4 |
| 74 | 4 |
| 75 | 2 |

| 代號 | 出生年 |
|---|---|
| 2 | 76 |
| 1 | 77 |
| 1 | 78 |
| 3 | 79 |
| 3 | 80 |
| 4 | 81 |
| 4 | 82 |
| 2 | 83 |
| 2 | 84 |
| 5 | 85 |
| 5 | 86 |
| 3 | 87 |
| 3 | 88 |
| 4 | 89 |
| 4 | 90 |

| 代號 | 出生年 |
|---|---|
| 1 | 91 |
| 1 | 92 |
| 5 | 93 |
| 5 | 94 |
| 3 | 95 |
| 3 | 96 |
| 2 | 97 |
| 2 | 98 |
| 1 | 99 |
| 1 | 100 |
| 5 | 101 |
| 5 | 102 |
| 4 | 103 |
| 4 | 104 |

| 代號 | 出生年 |
|---|---|
| 2 | 105 |
| 2 | 106 |
| 1 | 107 |
| 1 | 108 |
| 3 | 109 |
| 3 | 110 |
| 4 | 111 |
| 4 | 112 |
| 2 | 113 |
| 2 | 114 |
| 5 | 115 |
| 5 | 116 |

| 代號 | 出生年 |
|---|---|
| 3 | 117 |
| 3 | 118 |
| 4 | 119 |
| 4 | 120 |
| 1 | 121 |
| 1 | 122 |
| 5 | 123 |
| 5 | 124 |
| 3 | 125 |
| 3 | 126 |
| 2 | 127 |
| 2 | 128 |

## 若出生年之屬性代號為「1」者，選的顏色是：

**綠色：**

1、若問身體健康，請翻至第 137 頁
2、若問人際關係，請翻至第 139 頁
3、若問家庭和諧，請翻至第 148 頁
4、若問事業經營，請翻至第 144 頁
5、若問精進修行，請翻至第 152 頁

**紅色：**

1、若問身體健康，請翻至第 193 頁
2、若問人際關係，請翻至第 195 頁
3、若問家庭和諧，請翻至第 202 頁
4、若問事業經營，請翻至第 198 頁
5、若問精進修行，請翻至第 206 頁

**黃色：**

1、若問身體健康，請翻至第 172 頁
2、若問人際關係，請翻至第 176 頁
3、若問家庭和諧，請翻至第 184 頁
4、若問事業經營，請翻至第 180 頁
5、若問精進修行，請翻至第 188 頁

**白色：**

1、若問身體健康，請翻至第 210 頁
2、若問人際關係，請翻至第 214 頁
3、若問家庭和諧，請翻至第 222 頁
4、若問事業經營，請翻至第 218 頁
5、若問精進修行，請翻至第 226 頁

黑色：

1、若問身體健康，請翻至第 156 頁
2、若問人際關係，請翻至第 158 頁
3、若問家庭和諧，請翻至第 164 頁
4、若問事業經營，請翻至第 162 頁
5、若問精進修行，請翻至第 168 頁

## 若出生年之屬性代號為「2」者，選的顏色是：

綠色：

1、若問身體健康，請翻至第 156 頁
2、若問人際關係，請翻至第 158 頁
3、若問家庭和諧，請翻至第 164 頁
4、若問事業經營，請翻至第 162 頁
5、若問精進修行，請翻至第 168 頁

紅色：

1、若問身體健康，請翻至第137頁
2、若問人際關係，請翻至第139頁
3、若問家庭和諧，請翻至第148頁
4、若問事業經營，請翻至第144頁
5、若問精進修行，請翻至第152頁

黃色：

1、若問身體健康，請翻至第193頁
2、若問人際關係，請翻至第195頁
3、若問家庭和諧，請翻至第202頁
4、若問事業經營，請翻至第198頁
5、若問精進修行，請翻至第206頁

**白色：**

1、若問身體健康，請翻至第 172 頁
2、若問人際關係，請翻至第 176 頁
3、若問家庭和諧，請翻至第 184 頁
4、若問事業經營，請翻至第 180 頁
5、若問精進修行，請翻至第 188 頁

**黑色：**

1、若問身體健康，請翻至第 210 頁
2、若問人際關係，請翻至第 214 頁
3、若問家庭和諧，請翻至第 222 頁
4、若問事業經營，請翻至第 218 頁
5、若問精進修行，請翻至第 226 頁

## 若出生年之屬性代號為「3」者，選的顏色是：

**綠色：**

1、若問身體健康，請翻至第 210 頁
2、若問人際關係，請翻至第 214 頁
3、若問家庭和諧，請翻至第 222 頁
4、若問事業經營，請翻至第 218 頁
5、若問精進修行，請翻至第 226 頁

**紅色：**

1、若問身體健康，請翻至第 156 頁
2、若問人際關係，請翻至第 158 頁
3、若問家庭和諧，請翻至第 164 頁
4、若問事業經營，請翻至第 162 頁
5、若問精進修行，請翻至第 168 頁

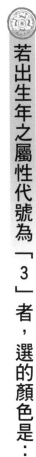

**黃色：**

1、若問身體健康，請翻至第 137 頁
2、若問人際關係，請翻至第 139 頁
3、若問家庭和諧，請翻至第 148 頁
4、若問事業經營，請翻至第 144 頁
5、若問精進修行，請翻至第 152 頁

**白色：**

1、若問身體健康，請翻至第 193 頁
2、若問人際關係，請翻至第 195 頁
3、若問家庭和諧，請翻至第 202 頁
4、若問事業經營，請翻至第 198 頁
5、若問精進修行，請翻至第 206 頁

**黑色：**

1、若問身體健康，請翻至第 172 頁

2、若問人際關係，請翻至第 176 頁
3、若問家庭和諧，請翻至第 184 頁
4、若問事業經營，請翻至第 180 頁
5、若問精進修行，請翻至第 188 頁

## 若出生年之屬性代號為「4」者，選的顏色是：

**綠色：**

1、若問身體健康，請翻至第 172 頁
2、若問人際關係，請翻至第 176 頁
3、若問家庭和諧，請翻至第 184 頁
4、若問事業經營，請翻至第 180 頁
5、若問精進修行，請翻至第 188 頁

**紅色：**

1、若問身體健康，請翻至第210頁
2、若問人際關係，請翻至第214頁
3、若問家庭和諧，請翻至第222頁
4、若問事業經營，請翻至第218頁
5、若問精進修行，請翻至第226頁

**黃色：**

1、若問身體健康，請翻至第156頁
2、若問人際關係，請翻至第158頁
3、若問家庭和諧，請翻至第164頁
4、若問事業經營，請翻至第162頁
5、若問精進修行，請翻至第168頁

**白色：**

1、若問身體健康，請翻至第 137 頁
2、若問人際關係，請翻至第 139 頁
3、若問家庭和諧，請翻至第 148 頁
4、若問事業經營，請翻至第 144 頁
5、若問精進修行，請翻至第 152 頁

**黑色：**

1、若問身體健康，請翻至第 193 頁
2、若問人際關係，請翻至第 195 頁
3、若問家庭和諧，請翻至第 202 頁
4、若問事業經營，請翻至第 198 頁
5、若問精進修行，請翻至第 206 頁

## 若出生年之屬性代號為「5」者，選的顏色是：

綠色：

1、若問身體健康，請翻至第193頁
2、若問人際關係，請翻至第195頁
3、若問家庭和諧，請翻至第202頁
4、若問事業經營，請翻至第198頁
5、若問精進修行，請翻至第206頁

紅色：

1、若問身體健康，請翻至第172頁
2、若問人際關係，請翻至第176頁
3、若問家庭和諧，請翻至第184頁
4、若問事業經營，請翻至第180頁
5、若問精進修行，請翻至第188頁

**黃色：**

1、若問身體健康，請翻至第 210 頁
2、若問人際關係，請翻至第 214 頁
3、若問家庭和諧，請翻至第 222 頁
4、若問事業經營，請翻至第 218 頁
5、若問精進修行，請翻至第 226 頁

**白色：**

1、若問身體健康，請翻至第 156 頁
2、若問人際關係，請翻至第 158 頁
3、若問家庭和諧，請翻至第 164 頁
4、若問事業經營，請翻至第 162 頁
5、若問精進修行，請翻至第 168 頁

黑色：

1、若問身體健康，請翻至第137頁
2、若問人際關係，請翻至第139頁
3、若問家庭和諧，請翻至第148頁
4、若問事業經營，請翻至第144頁
5、若問精進修行，請翻至第152頁

## 「增加生命能量」、「提升生命頻譜」調整改善運勢之法

經由上述之「促機神算」，相信您一定找到困擾已久的原因及造成此困擾之問題癥結。想改善嗎？想調整嗎？想轉變嗎？想從此過著幸福美滿的生活嗎？想享受輕鬆愉快自由自在的時光嗎？若您已下定決心，若您想得到「玉皇大天尊玄靈高上帝」及「仙佛恩師」的加被祝福及庇佑，請依照下列所述之「氣味磁場能量轉化法」而行，請您記住「心誠則靈」。

**代號1者：**

若是選到綠色、黑色者可供「寧神香」。

若是選到紅色者可供「敦仁香」。

若是選到黃色者除人際關係宜供「解業香」外，其他顏色可供「解厄香」。

若是選到白色者宜供「報恩香」。

**代號2者：**

若是選到紅色、綠色者可供「結義香」。

若是選到黃色者可供「百和香」。

若是選到白色者除人際關係宜供「圓融香」外，其他顏色可供「解業香」。

若是選到黑色者宜供「解厄香」。

**代號3者：**

若是選到黃色、紅色者可供「和諧香」。
若是選到白色者可供「敬信香」。
若是選到黑色者除人際關係宜供「財運福報香」外，其他顏色可供「圓融香」。
若是選到綠色者宜供「解業香」

**代號4者：**

若是選到白色、黃色者可供「貴人香」。
若是選到黑色者可供「敘禮香」。
若是選到綠色者除人際關係宜供「報恩香」外，其他顏色可供「財運福報香」。
若是選到紅色者宜供「圓融香」。

**代號5者：**

若是選到黑色、白色者可供「精勤香」。
若是選到綠色者可供「百濯香」。
若是選到紅色者除人際關係宜供「解厄香」外，其他顏色可供「報恩香」。
若是選到黃色者宜供「財運福報香」。

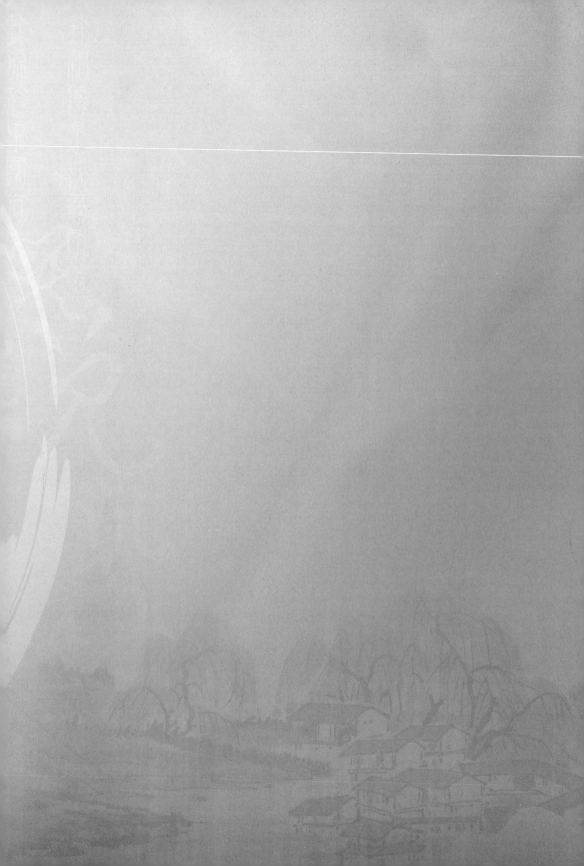

# 第二章 基礎篇

「萬丈高樓平地起，英雄不怕出身低。」

對於「促機神算」一詞，也許您不知、不懂、不明白、沒接觸過，亦或是一頭霧水，都沒有關係。

只要有心，「皇天不負苦心人」。

只要立志，「有志者事竟成」。

請放開心胸，和我們一起建立「促機神算」的家園吧！

## 第一節　聖凡雙修之理念

由於因緣、業報、習性、執偏、冤結、職責、任務、使命之不同，雖然皆於此生來至娑婆世界，但來自的國度卻因上述種種因素而各有不同。如何於此世了卻因緣、承受業果、改宜習性、破除執偏、解冤釋結、擔承職責、完成任務、圓滿使命，各宗脈教門皆有其方法、路徑及修習之功課，有曰帶罪往生修行，有曰不墮三惡道，爭取來世再修之機緣，有曰回歸天國，他日再來。凡此種種各有其法，各有其殊勝之因緣。而玄門真宗秉承玉皇大天尊玄靈高上帝之宏大誓願—「三世因果一世清」，由「聖凡雙修」入深而行之路徑，引領修徒從精進、了業、報恩三大方向而邁步向前，亦即以精進不懈之態度，力改累世以來之執性習氣，以懺悔虔敬之心，來化解一切之冤結糾纏，以飲水思源報父母恩之行，來釐清祖源脈沿，渡超薦引歷代祖先九玄七祖能離苦得樂皈往淨域。因此，其回皈圓融淨域、覆命皈旨之路徑及修習成就之法訣是清楚而俱足的，絕非打高空畫大餅的愚民策略，更不是自欺欺人之鴕鳥心態。

## 落實聖凡雙修

往日情景，不堪回首，苦到連全家吃一盤柳丁，看在債權人的眼裡，都覺得是不應該（用每日買水果的錢就可來還債了），欠債就沒有享受的權利。

聖賢：「感激傷害你的人，因為他磨練了你的心意；感激欺騙你的人，因為他增長了你的智慧；感激所有使你更堅強的人，因為他使你從挫折中成長。」認識「玄門法門」，領悟了恩主的教義（仁、義、禮、智、信），毅然的入了門，隨著老師的教導，啟發心性，學會了真心懺悔，感恩周遭的人，感恩曾傷害過我的人，沒有他們的激勵，就沒有今日的我，靜坐時，反省自己，將修行落實於生活中，上對公婆、爸爸媽媽，下對兒女，都用心做好每一件事情，漸漸的家裡吵吵鬧鬧的聲音就少了，伴隨著的是全家和樂的笑聲，事業上與外子共同商討，重新篩選客戶，主動的創造而非被動的去等待，在外子辛勤的努力下，客戶不斷地在增加，適機舉辦了各種技術研習，及親自做臨店教育，不定時的辦促銷特惠行動，使得業務重展蒸蒸日上之景象。

重新爬起的路途也並非如此平順，也有碰上逆境之時，然而藉著到道場共修時，靈性的充電、仙佛的加持、智慧的啟發，再想想老師上課時所叮嚀的話：「要冷靜處理眼前所發生的問題，靜定能生智慧，然而這些功夫非一般人就能做到的，這些都需要透過不斷的學習以及恩主慈悲加持，才能慢慢薰陶出來的，要隨時保有懺悔、感恩、行功、立德的心。」雖然老師的話很有道理，但是無功無德的我要如何才能度過難關呢？靜心思索著：「難關的形成，往往是自己所造的業，或許是前世，或許是今生。如今的我已無財可奉獻，那就做義工吧！一點一滴，腳踏實地去做。」很多事情只要換個角度去思考，問題都會迎刃而解，只要抓到訣竅，自然就會雨過天青的。「行功積德」，只要機緣成熟，恩主及仙佛自會助我們一臂之力。

以前的我驕縱成性，生起氣來翻箱倒櫃，丟東西，很是可怕。然而，問題的形成，有時候是心裏作祟，無知的我總覺得有一道枷鎖鎖住了我心靈，內心的徬徨與不安更讓我經常自問：為什麼我會如此呢？說來真是慚愧，無知的舉動不但傷了我，更害慘了我的家人。

真的要感謝外子沒有放棄我，入玄門道場後能及時回頭，現在的我全身散發自信、充滿活力。外子常說我倆上輩子一定做了很多錯事，這輩子才要共同來償還，我們要多行善，廣結善緣，互相成就，屆時自有貴人相助。

平凡之人成就平凡之事，每每參拜靜坐時，腦海都會浮現與外子攜手步入「玄門道場」的景象，此種景象不斷的激勵著我，祈求恩主能賜我力量與勇氣，在未來的時日裡能與外子更堅定的攜手走下去。

既然要以「聖凡雙修」來成就今生、止斷輪迴，那應有其修持與遵行之方法，如此方不致淪為不切實際的空談，茲將聖凡雙修之法要分述如下：

## 聖凡雙修的十大宣言

**第一 應尊天敬地，效法自然：**

仁民愛物，對於萬物一切皆應敬抿尊重，左鄰右舍、親朋好友、長輩，必須懂得招呼、關懷，做到事如己親的表現，並知凡事用之感恩，非則惜之。

**第二 應報父母恩：**

孝敬父母從關懷等務必依照教規要求度達到孝養報恩的要求。每年春秋二季必須虔心辦理祭祖法事，以為報累世父母恩。

**第三 應關懷盡分，惜緣如己：**

對家庭、夫妻、親情、子女應守份從，關懷照顧，互勉提攜成長。

**第四　應勤修自省懺悔功課：**

對於與自己有關的人情事理、恩怨情仇、愛惡慾的因緣、事非糾纏因業，應力求合理或解冤釋結，務必使自捫心於今生能無愧任一人，無冤無債自在無礙的一生。

**第五　不造因業，得失隨順自然：**

對於自身的愛、惡、慾得失佔有等應力求平常心，絕對禁止豪奪或巧取佔有，尤其不將自己習性喜惡去妨礙他人。

**第六　生活營求盡責努力，不入功名利祿得失束縛：**

對於生活營祈的功名利祿，盡責努力，積極進取，得失則求平常心以對，得之固然可喜可賀！失之亦應力求無瞋怨於心，平常心對待。

**第七　力行廣結善緣，關懷助人：**

對於親朋好友同修間的因緣相識、相處應力求付出互相關懷提攜，需要協助時，熱心積極無任何代價的心情，積極協助關懷引渡。

**第八 知尊師重道精進修行：**

尊師學法，一心奉道，勤於靜坐，功於靈修練氣，使自身的身命靈元自性力修健康自主，返璞歸真，超生了死。

**第九 不起偏執，放寬心胸，博學多覽增廣見聞：**

參贊天地自然一草一物之妙，深入經藏，用心精進參研，對任一事物不起偏執或起任一毀謗，保持時時精進學修的人生心性態度。

**第十 立願成就，成就功德渡一切眾生：**

自渡成就於人生事理的圓融無礙，並立願渡眾生迷執於任一當下時機的教化因緣，代天宣化成就天人師大功德。

## 第二節　天干的認識

**陰陽：**

陽干：甲、丙、戊、庚、壬。

陰干：乙、丁、己、辛、癸。

**五行：**

甲乙屬木

丙丁屬火

戊己屬土

庚辛屬金

壬癸屬水

**方位：**

東方：甲乙

西方：庚辛

南方：丙丁

北方：壬癸

中方：戊己

**季節：**

春季：甲乙

夏季：丙丁

秋季：庚辛

冬季：壬癸

**代表意涵：**

甲木：屬陽木、高大之樹、強壯而結實。

優點：棟樑之才、積極進取。

缺點：蕭規曹隨、無應變力。

乙木：屬陰木、低矮花草、柔軟細弱。
優點：柔順敏捷、適應力強。
缺點：遷就他人、精打細算。

丙火：屬陽火、炙熱太陽、正向無私。
優點：活潑豪爽、熱情如火。
缺點：易衝動受騙、浮華好名。

丁火：屬陰火、燈蠟小火、陰柔無力。
優點：義氣、有禮、助人。
缺點：過於自信、不會照顧自己。

戊土：屬陽土、山峰土石、硬實有力。
優點：信守承諾、老實敦厚。
缺點：固執而不知變通。

己土：屬陰土、田中泥土、分散細小。
優點：內心慈善、有涵養。
缺點：猜忌多疑、決斷力弱。

庚金：屬陽金、刀劍之金、強韌銳利。
優點：剛烈活潑、不屈不撓。
缺點：思慮欠周詳、愛出風頭。

辛金：屬陰金、飾金之用、美麗柔軟。
優點：有情有義、外柔內剛。
缺點：壓抑內向、偏執多疑。

壬水：屬陽水、江海河水、激盪洶湧。
優點：寬宏大量、機智謀略。
缺點：較無主見、自以為是。

癸水：屬陰水、雨霧露霜、柔細力小。
優點：柔順多情、想像力強。
缺點：性急、無膽。

# 第三節 地支之意涵

## 一、陰陽

陽地支：子、寅、辰、午、申、戌。
陰地支：丑、卯、巳、未、酉、亥。

## 二、五行

木：寅卯
火：巳午
金：申酉
水：亥子
土：辰戌丑未

## 三、季節

春季：寅卯辰
夏季：巳午未
秋季：申酉戌
冬季：亥子丑

**四、代表月令**

子：十一月
丑：十二月
寅：一月
卯：二月
辰：三月
巳：四月
午：五月
未：六月
申：七月
酉：八月

戌：九月
亥：十月

## 五、代表時辰

子：23-01
丑：01-03
寅：03-05
卯：05-07
辰：07-09
巳：09-11
午：11-13
未：13-15
申：15-17
酉：17-19
戌：19-21
亥：21-23

## 六、代表生肖

子：鼠
丑：牛
寅：虎
卯：兔
辰：龍
巳：蛇
午：馬
未：羊
申：猴
酉：雞
戌：狗
亥：豬

## 七、代表方位

北方：子

東北方：丑、寅

東　方：卯

東南方：辰、巳

南　方：午

西南方：未、申

西　方：酉

西北方：戌、亥

## 八、三合

寅午戌：屬火

申子辰：屬水

巳酉丑：屬金

亥卯未：屬木

# 第四節 五行生剋與代表象意

**一、五行：木、火、土、金、水。**

**二、五行相生：木生火、火生土、土生金、金生水、水生木。**

水的灌溉滋潤讓樹木順利生長，木材燃燒而成為火，火燒之物化成灰燼而歸於塵土，土中蘊藏著金屬礦產，金屬經高溫燃燒而成液狀之體。

**三、五行相剋：木剋土、土剋水、水剋火、火剋金、金剋木。**

樹木生長而根紮入土中，土堤可以阻擋水流，水能將火澆熄，火能將金屬之物熔化，金屬製成之刀斧能砍伐樹木。

**四、一年四季之五行屬性：**

春季：寅卯屬木

夏季：巳午屬火
秋季：申酉屬金
冬季：亥子屬水
四季之月：乃立春、立夏、立秋、立冬之前18日，為辰、戌、丑、未月，五行屬性為土。

五行所代表之象意（依木火土金水之順序）
五色：青、赤、黃、白、黑。
五官：目、舌、口、鼻、耳。
五體：筋、脈、肌肉、皮毛、骨。
五常：仁、義、信、禮、智。
五方：東、南、中、西、北。
五味：酸、苦、甜、辣、鹹。
五臟：肝、心、脾、肺、腎。
五大功課：身體健康、人際關係、家庭和諧、事業經營、精進修行。

## 第五節 五方國度之因緣

**依出生年為依據**

東方國度：戊辰年、己巳年、壬午年、癸未年、庚寅年、辛卯年、戊戌年、己亥年、壬子年、癸丑年、庚申年、辛酉年。

南方國度：丙寅年、丁卯年、甲戌年、乙亥年、戊子年、己丑年、丙申年、丁酉年、甲辰年、乙巳年、戊午年、己未年。

西方國度：甲子年、乙丑年、壬申年、癸酉年、庚辰年、辛巳年、甲午年、乙未年、壬寅年、癸卯年、庚戌年、辛亥年。

北方國度：丙子年、丁丑年、甲申年、乙酉年、壬辰年、癸巳年、丙午年、丁未年、甲寅年、乙卯年、壬戌年、癸亥年。

中方國度：庚午年、辛未年、戊寅年、己卯年、丙戌年、丁亥年、庚子年、辛丑年、戊申年、己酉年、丙辰年、丁巳年。

## 第六節 五大人生課題

**身體健康：**

包含先天疾病、遺傳病、不明病因、身體後天疾病、意外災難、血光、就醫方位及季節、習性、嗜好、保健、養生、診治醫療能否順利……等。

**人際關係：**

包含待人處事之觀念態度、有貴人否、人緣如何、是助力或阻力、小人是非、貴人之方向或長相、上對下、下對上、平輩之間的對待相處、男女之交往、感情之濃淡。

**事業經營：**

包含從事何種行業、合夥或獨資、是上班或老闆、財運如何、事業之發展、求學、考運、升遷、利於何方、與部屬員工或長官老闆之相處對待如何、師長緣如何、經營事業或上班之態度觀念如何、小人阻隔或貴人提攜、選舉、求職、課業成績、適宜讀文科或理科。

**家庭和諧：**

包含家人之相處對待、對家庭之觀念付出責任、對親戚族人之往來對待親疏、家風、家規、家訓、家庭教育、財務規劃營收支出、陽宅擺設、居家環境、祖先源流世系、祖蔭或祖產、祖源之釐清、家運人丁興衰、祖墳、祖牌等。

**修行精進：**

包含人生方向規劃理想、生命價值、生活態度、宗教信仰、因緣果報、功名利祿、恩怨情仇、名分歸屬之認知與了悟、對祖源報父母恩之態度行做、責任與承擔使命。

## 第七節 體用與聖凡

體用者乃主從、陰陽、動靜、聖凡也，老子說：「天得一以清，地得一以寧，神得一以靈，穀得一以盈，萬物得一以生。」而易經之繫辭傳有「一陰一陽是為道」之論述。此陰陽、動靜乃自然運行之天理，宇宙變幻之法則，待人處事之準繩。

體用者相應於人事之應，乃體為己身之兆，用為應事之端。體生用有耗失之患，用生體有進益之喜，體用比和則百事順遂。

體為聖、為根，用為凡、為枝葉。若根能粗壯，深入土中，遍及四方，則根基必牢固，汲取之養分必充足，如此枝葉必然茂盛而繁多，樹之生長的原理如此，聖凡雙修之道亦是如此，乃相輔相成、互助互成。也就是說，若能達到「生活即修行，修行即生活」之和諧圓融境地，則必能成就此生。

生活中將恩師仙佛的精神—「給人方便、給人希望、給人法喜」；以及「任令一切時空中皆充滿法喜」之慈悲精神，善用於待人處事、事業經營、家庭和諧等方面，此即所謂「修行即生活」。

若在生活或工作中，能不汲汲於功名利祿之追求，不沉淪於恩怨情仇之漩渦泥淖中，凡事順勢而為，把握住「不傷人心、不逆人意、不斷人路」，則雖身處滾滾之紅塵中，但心卻在蓮花清淨之地，如此出淤泥而不染，雖為生活為工作忙碌，亦不致迷失方向，失去清淨圓融之本質，此乃「生活即修行」。

體乃占事之主體，用乃占數之功用，此乃聖凡之理也。生活、工作中所面臨的一切人事時地物，不論順遂或挫折，不管其平坦或崎嶇，亦或是盛旺或衰敗，皆乃在磨練心性、昇華靈性之機，是由凡入聖之契，因此，體乃聖、是為根本、是為目的；而用乃凡、是為路徑過程、是為手段、是為超凡入聖奠定根基而用的，亦即「藉假修真」，藉著工作中之功名利祿，生活中之恩怨情仇來磨練自己的心性，昇華自己的靈性，期盼能從凡中的一切行住坐臥而證悟生命的圓融本質。

「體用比和」乃「聖凡雙修」之最佳狀態。是聖凡相融、互助互成的生活與修行方式，也就是生活即修行，修行即生活的最佳寫照，兩者已融為一體，亦即在生活中的一切言行舉止、行住坐臥皆不離聖心，不忘修行之本義，並能謹遵恩師仙佛之教誨，在待人處事方面，「給人方便、給人希望、給人法喜」；「不傷人心、不逆人意、不斷人路」；在身、心、靈方面能保有一顆「任令一切時空中皆充滿法喜」的心。在祈願靈修與圓融大法之動靜修功中積極不懈，在事業經營方面能積極正向且能順勢而為，不汲汲於功名利祿之營求，不陷入恩怨情仇之冤結糾纏之中。在家庭方面能真心付出彼此關懷、相互提攜、盡責守分，讓家人在和諧圓融的氛圍與環境中成長。如此以「凡」事來成就「聖」心，以「聖」心來圓融「凡」事，若是如此何憂此生不成就呢？

「用生體」乃是以凡來培養聖之心，亦即在凡塵中的一切磨難歷練，皆在激盪出真心，在琢磨出聖心，雖然「凡」事煩瑣惱人，絆住了全心入聖門之修機，雖然處在滾滾紅塵中卻不會隨波逐流，忘了生命的本義，丟失了此生之使命職責以及應修習的功課，此猶如「石中隱玉」一般，玉雖藏於石之內，但在功名利祿、恩怨情仇的不斷激盪下，而仍能處於清澈朗然之境域中，如此則石中之玉終有發光發亮的一天。

## 三世因果一世清

- 用
  - 凡
    - （源）報恩↓祖源
    - （原）了業↓累世業報
    - （元）精進↓今生行為

- 家庭和諧
  1、家訓
  2、家庭共同宣言、使命
  3、世系表
  4、家庭規範
  5、財務收支規範
  6、書房、靜坐房、神明廳（三合一）
  7、祖超（斷重婚、解冤釋結）
- 修行精進
  1、聖凡雙修
  2、任令一切時空中充滿法喜
  3、人道立則天道契
  4、祈願靈修
  5、修行日誌
  6、印心功課
  7、修法香、讀經
- 事業經營
  1、生涯規劃
  2、盡責努力，得失平常心以待
  3、祖超渡（白布換紅綾）
- 人際關係
  1、給人方便、給人希望、給人法喜
  2、不傷人心、不逆人意、不斷人路
  3、祖超（解冤釋結）
- 身體健康
  1、靜坐
  2、圓融大法
  3、運動
  4、祖先超渡（白布換紅綾）

## 圓融國度 ◄

- 體
  - 聖
    - 渡九玄↓地
    - 拔聖↓天
    - 選賢↓人

- 信　中方國度
- 智　北方國度
- 禮　西方國度
- 義　南方國度
- 仁　東方國度

## 第八節 體用原則

一、**以體為主，以用為占事。**

二、**體卦宜旺、相，不宜休、囚、死，旺則吉象，休、囚、死則不吉之象。**

所謂「旺」乃春得木為體，夏得火為體，秋得金為體，冬得水為體，四季（立春、立夏、立秋、立冬前十八天）得土為體。

所謂「相」乃春以火為體，夏以土為體，秋以水為體，冬以木為體，四季以金為體。

所謂「休」乃春以水為體，夏以木為體，秋以土為體，冬以金為體，四季以火為體。

所謂「囚」乃春以金為體，夏以水為體，秋以火為體，冬以土為體，四季以木為體。

所謂「死」乃春以土為體，夏以金為體，秋以木為體，冬以火為體，四季以水為體。

三、**體卦受用卦所生或比和為吉象，受用卦所剋為凶象。**

## 四、體用吉凶原則：

體用比和：萬事大吉。

用生體：吉象，有進益的喜事。

用剋體：萬事凶象。

體生用：凶象，會有損失、損壞的憂慮。

體剋用：半吉半凶象，體旺剋用為吉象，若體衰剋用則為凶象。

## 五、體用生剋產生之象意實例

例一：「體」為身體、為旺相；「用」為祖源、為旺相。

（一）、用生體或體用比和：

1、祖蔭有助。

2、少意外、血光、災難。

3、健康長壽。

4、一生少病痛。

5、重養生保健。

6、無不良習性嗜好。
7、少遺傳病或慢性病。
8、有病醫治得宜，對症下藥。
9、延醫、誤醫機率小。

（二）、體生用：

1、身體常有不適、不清爽之感。
2、因身體之病而花費不少金錢。
3、有心神不寧受干擾之感而無法安住。
4、有憂鬱之傾向、精神分裂之傾向。
5、身體無精打采、有氣無力如洩氣皮球提不起勁。
6、外強內虛、常盜汗虛冷。
7、血氣不足、手腳冰冷。

（三）、體剋用：

1、有內傷損耗之象。

2、身體有病痛尚能痊癒。

3、血光意外難免但能逢凶化吉。

4、祖德蔭助不易。

5、身體受祖源之干擾較少，遺傳病之機率小。

（四）、用剋體：

1、有遺傳病因，但尚能醫治掌控。

2、常有小的意外、血光之災。

3、小病小痛總是困擾不已。

4、祖業、祖怨對身體有不良影響。

5、祖靈不安易有幻覺，驚恐造成精神分裂或躁鬱症。

6、祖源冤結之糾纏，易有無妄之災或莫名其妙之口舌是非。

例二：「體」為身體、為旺相；「用」為累世業緣、為旺相。

**（一）、用生體或體用比和**

1、有良好的飲食、衛生習慣。
2、重視身體之養生、保健、運動。
3、預防勝於治療之觀念強。
4、無不良嗜好與惡習。
5、生活規律，作息正常。
6、體質優於一般人。
7、先天疾病之機率低。
8、意外、血光、災難較少。
9、身體有病即時就醫，延醫或誤診之傷害少。
10、免疫力強，不易被傳染。
11、愛惜身體，不太會相信偏方、祕方等來源不明之藥或治療。
12、不明原因或檢查不出之病發生率低。
13、能得醫療妥善之照顧與診治。
14、身心平衡、壓力紓解、情緒之控制合宜。

15、幻想、驚恐、鑽牛角尖等莫名之病症不易出現。
16、對潛能之開發有濃厚興趣。
17、主動積極追求對心理、生理、靈性等相關知識。

（二）、體生用

1、對刺激或不良之嗜好易受誘惑而把持不住。
2、為追求身體健康而相信偏方進而傷害身體。
3、因惡習（毒、酒、色）而傷身破財。
4、有保健、養生觀念，但實行力不足。
5、知道飲食、衛生、運動之重要，但難持恆。
6、易因延醫或誤診而有損身體健康。
7、情緒之控制、壓力之紓解，終因方法錯誤而導致身心不平衡。

（三）、體剋用

1、身體因不良嗜好而付出代價。
2、為身體健康而勞神費心。

3、有潛在病因。
4、強迫自己控制飲食、運動以保身體康復。
5、就醫診治自我本位強，依自己所認可之方式而行之。
6、對於保健養生之法，不聽人言，我行我素。
7、為醫療院所之頭痛人物，易有醫療糾紛。
8、有被害妄想症、精神分裂之病癥。
9、血光、意外常因自己之言行而造成，是加害者之角色。

（四）、用剋體

1、易染吸毒、嗜酒、飆車等嗜好。
2、身體有病、痊癒時間較長。
3、易因誤診而損傷身體。
4、先天性之疾病易顯現出來。
5、易有小的意外或血光之災。
6、保健、預防的醫學觀念薄弱。
7、精神耗弱、心緒不寧。

8、抵抗力、免疫力稍嫌不足。

9、懶得運動、不願主動改善體質。

10、藥物療效常事倍功半。

11、不信正規之醫療，寧願相信偏方、祕方之治療。

# 第九節 論「旺、相、休、囚、死」

體用之旺、相、休、囚、死，乃以得運或失運為依據之準則，運勢強者凡事成功之機率高，而運勢弱者乃時不我予，即所謂「人有沖天之志，無運不能自通；馬有千里之行，無人不能自往。」因此，旺、相或休、囚會影響吉凶禍福之判斷。

## 「旺」

「旺者」乃當運之謂，亦即體用之五行與時令季節相同者。如體用為木之於春季，體用為火之於夏季，體用為金之於秋季，體用為水之於冬季，而體用為土之於四季之月。

基本而言，旺相乃當運或得運之助，是為吉象之兆。而旺者乃當令、得時、當權之謂。一切皆在自己掌控之中，猶如古之帝王，握有生殺大權，決定策略方針之指導決定權，成或敗皆自己所為，而因旺氣所致，所以其思考乃偏向於積極而正向的，因此，運勢與時機之掌握、決策方針之制訂與困境之突破便優於一般人，相對的成功的機率自然會偏高。

## 天下無難事，只怕有心人

從前有位身材瘦小的人，立下大志要蓋一間大房子，由於缺乏一根大木頭以做為房屋之中樑，此人於是下定決心親自完成，於是帶著一把小斧頭獨自上山砍伐去了！此人在山中尋尋覓覓，終於找到一棵巨大之樹。此人拿出小斧頭開始他的砍樹工作，但因斧頭小而大樹堅硬，沒砍幾下，斧頭便鈍了。於是他只好帶著斧頭下山找鐵匠磨利，鐵匠舖的人知道此人要砍樹蓋大房子，不但沒有鼓勵他，反而冷嘲熱諷的說：「樹這麼高大，你與斧頭這麼小，即使你砍到老也無法蓋好房子！」眾人你一句我一語，都對此人不抱絲毫希望。此瘦小之人並不因眾人之嘲笑而懷憂喪志或是失望放棄。反而更加堅定信念，化嘲笑為力量，心想：「雖然我的速度緩慢，但被砍掉的部分不斷的增加，而剩下的部分一定相對的減少，只要我不停歇，最後一定可以將樹砍倒。」瘦小之人一次一次的往返於山上與鐵匠家。鐵匠舖之人看見此人信心堅定、努力不懈，也就不再嘲笑他了。皇天不負苦心人，在此人一斧一斧的砍伐下，大樹終於被砍倒了。村莊裡的人，聽到這個消息，不管當初是否嘲笑過他的，皆自願上山幫其將大樹運下來，而此人也在大家的祝福與鼓勵下，完成畢生之大志。

由此而知，不怕起步晚，不畏路途艱，只要有心，只要有願，只要信心堅定，天下沒有完成不了的事。

## 「相」

「相者」為運來相助之謂也，就是運生體用。如春季時體用為火，夏季時體用為土，秋季時體用為水，冬季時體用為木，四季之月時體用為金。

相者因得運所助，所以亦為吉象之兆，而其因需運之助，所以雖有權、有財利，但決定權稍嫌被動或身不由己，如古之宰相，雖位極人臣，擁權勢厚祿，但此獲得之決定權在於帝王。又如身為人子，雖生長於富裕之家，但能否得父母之產業或是獲得多與少，完全決定於父母，雖是如此，但因得時緣之助，因此易有貴人之助，長官賞識提拔或是長者之提攜栽培，因而成就機會亦相對增多。

### 滴水之恩湧泉以報

有一隻螞蟻在河邊喝水，因不小心而跌落河裡，正在載浮載沉，大聲呼喊救命時，路過的鴿子便銜著一根樹枝丟給螞蟻，螞蟻因此逃過一劫。此救命之恩，螞蟻始終牢記在心，並時時想感恩圖報，因此決定將窩築在鴿巢附近。有一天螞蟻發現獵人舉著槍，準備射殺在巢中休息的鴿子，螞蟻見狀不顧自身安危，以飛快的速度爬到獵人的眼睛旁邊，狠狠的咬下去，獵人受此一咬，槍法失準，子彈打偏了，鴿子便趁機逃走。事後鴿子感激的對螞蟻道謝。但螞蟻說：「之前你在河邊救過我，我始終沒有機會報答你，這次我還回報不及萬分之一呢！」

又有一次，鴿子不小心誤踩陷阱，正在呼救時被螞蟻聽見，於是螞蟻馬上呼朋引伴全體出動，合力將繩子咬斷，鴿子又逃過一劫，當鴿子再度向螞蟻道謝時，螞蟻說：「你的救命之恩，這輩子我是永遠也報答不完的。」

## 「休」

「休者」為體或用去助天運，亦即有洩氣損傷之象，如春季之於水，夏季之於木，秋季之於土，冬季之於金，而四季之月之於火。

休乃付出、失去、給予之象，所以有洩氣、損失之兆，因此以凶論之。此意乃如父母之於子女，付出心力、時間、金錢……等等，無微不至的照顧與栽培，子女在成長的過程中，父母失去了青春、花費了錢財、勞累了身體，而此付出也許是義務，或許是心甘情願，更可能是無怨無悔，然而站在得與失的立場，乃是先失去，而能否得，則未知數，因其回報權在於子女。概括而言，休之於人為一廂情願，於事為先熱後冷，於物為先得後失。

### 阿德的故事

從小聰明的阿德，不管學什麼東西都比同儕快，可以說反應敏捷、動作迅速，加上長得清秀模樣，因此每當父母帶他出門總是受盡別人讚美，說他是父母的驕傲一點也不為過。不過阿德有個缺點那就是「做事只有三分鐘熱度」，就拿讀書來說吧！高興的時候認真一點，不高興的時候即使考試到了也不管，可是由於阿德很聰明所以總能有不錯的成績。又好比說學武術或是書畫、樂器之類的，剛開始一頭熱，繳了昂貴的學費之後，也都沒上幾次課就喊累而放棄不學。父母對於阿德這個「做事只有三分鐘熱度」的缺點，不僅不以為意反而告訴阿德不要太辛苦、太勉強自己，因為阿德的父母心裡認為：「只要阿德的功課能有一定的水準，其他的都沒關係」。

大學畢業後，阿德找了一個業務工作，但做不到一個禮拜就不做了，因為他不想「賺錢給別人」。後來阿德想還是公職比較有保障，所以也跟著到補習班上課準備考試，可是讀了不到一個月就覺得讀書很辛苦，於是又放棄了。這時阿德只好又找工作，也才面試一個工作，他又覺得不想看人臉色，於是阿德再次下定決心，投入考試。就這樣反反覆覆，阿德不僅連參加一個考試都沒有，也沒真正上過班，但這一晃阿德卻已三十歲了。面對「三十而立」的壓力，阿德開始感到有點慌，於是他下定決心毅然決定離開中部老家，隻身到台北奮鬥。

當然就像以往的每一次，阿德不到一個禮拜又回來了，可是這時阿德卻變得喜歡談論一些「神佛鬼怪」的事，也常到各地的寺廟拜拜，沒多久竟開始失眠，臉色也愈來愈難看，說話變得很衝，常常無緣無故亂發脾氣、大吼大叫，這時阿德的媽媽心裡開始有點慌，於是就拿阿德的衣服去「收驚」，收驚的人告訴阿德的媽媽說是阿德「沖犯到女鬼，只要「解一解」、「祭一祭」就沒事了。

收驚後阿德的脾氣果然好多了，但話變得比較少，沒多久……阿德開始說有人要害他，尤其是有「無形」的東西一直壓迫他，讓他晚上無法睡覺，甚至時常弄得他頭痛、胃痛、吃不下飯，一切的一切，讓阿德的父母焦急萬分也傷透了心，雖然不願承認，但他們都知道其實自己的寶貝兒子可能罹患「精神病」了。但正如一般的父母一樣，阿德的父母怎能接受自己的兒子「頭腦有問題」呢？於是阿德的父母就如同一般人的思維模式，把希望轉向神明，到處求神問卜。有人說是外陰沖犯、有人說是祖先問題、風水問題……不論什麼問題，只要有希望治好阿德，阿德的父母都會去做。但不幸的是情況根本沒有好轉，唯一的就是一次又一次的失望。萬般無奈之下，阿德的父母終於決定要將阿德送醫治療。

## 「囚」

「囚者」乃指體或用去剋節令時運，如在春季時體用為金者，在夏季體用為水者，在秋季體用為火者，在冬季體用為土者，而在四季之月體用為木者。

囚既是我剋之意，乃一切事之起因或成敗皆是自己所造成的，怪不得別人，雖為我剋，理論上是自己稍佔上風，較為強勢，然而畢竟是剋，因此在傷人的過程中亦會有所損傷，若自己體旺尚不及有致命的情形，若是體弱則難保不會賠上老命，因此，囚有半吉半凶之兆。

### 自以為是

在清朝末年，有一位漢學老師，學富五車，滿腹經綸，平日教學認真，作育無數的英才，為人不貪名也不較利，一生清風自許，待人處事也有一定的原則，而且教導學生也以此為規矩，學生不得逾越此準則。

有一天，座下的一位廖姓學生，被鄰里的家長舉報說：該生偷採了他家果園所栽種的水果，此位老師當場詢問廖姓學生，學生雖當老師的面承認確實做過，但想解釋緣由時，老師竟然勃然大怒，斥責學生竟敢違反規矩，真是目無法紀，於是不聽廖姓學生的說明解釋，便生氣地將學生趕出教室，還嚴厲斥責他，錯就是錯，沒有那麼多理由可辯解，不許他多說理由。廖姓學生認為受了誤解與委屈，為了表示清白與抗議，竟當場自殺而亡。此事雖令老師驚愕不已，心中不免悔恨與難過，並且反思：難道我真的誤解了此廖姓學生嗎？但事過幾日，此位老師自認是學生違反了規定，雖然是自殺也不能諉過卸責，我身為一位老師，教導學生知錯改過，何來有錯？就在如此自以為是的認知下，竟連學生的喪禮也不出席參加。

此事經過三十餘年，此位老師也壽終正寢。當至閻王殿審訊時，因為自認一生未曾做過錯事，而遭閻王怒指不知悔改認錯，罪加一等。罰往冤枉死報的獄池思過懺悔，當此魂剛入獄池時，也跟其他罪魂一樣，大聲呼喊冤枉啊！冤枉啊！然而任憑如何的哀求與呼喊，就是沒人理睬，只是每隔一段時間，獄吏便將師魂帶往閻王殿中再做審訊，然而每次審訊時，師魂答案都是一樣，並且認為閻王冤枉了他。無奈師魂就在獄池與閻王殿中受著苦報，無有出苦之時日。

直到有一次，因子孫為報親恩而超渡他時，蒙地藏王菩薩慈悲教誨後，方知自己錯在自以為是、自執有理的情況下誤解了廖姓學生。原來，廖姓學生是一位鄉里都稱讚的大孝子，其父日思夜念想吃水果—釋迦，然而因為家窮連三餐都不繼了，哪來多餘的錢可買水果。於是廖姓學生，在一次偶然機會路過果園，為滿足父親多年來的慾望，於是入園採摘一粒釋迦，但卻當場被果園主人抓獲，為維護父親聲譽，寧死也不願將事情之原委說出，因而此事便傳至此位老師的耳中，進而引發不幸之憾事。

## 「死」

「死者」乃是為時運節令所剋，此為大凶之兆。如春季時體用為土者，夏季時體用為金者，秋季時體用為木者，冬季時於體用為火者，四季之月時體用為水者。

死乃是被剋之意，真是時不我予，非但得不到助力，反而被壓制、被損傷、被逼迫、若是體旺尚有抵抗支撐之力，若為體弱也許就一蹶不振，無有東山再起之機，因此乃大凶之兆也。

## 新孟母三遷

古代孟母重視環境對小孩的影響，因此為了讓孟子有好的學習環境，所以三遷住處。直至搬到私塾附近，孟子學著念書，這才安定下來。現代人重視教育不下於孟母，除了補習、學才藝之外，更有為了學區而遷戶口、搬家，乃至移居國外。環境對人的影響確實重要，不僅影響學習，包括我們的健康、財運等，都深受影響。

阿達一家人原本住在鄉下，就像大家知道的：鄉下空間大，環境好，清靜悠閒，壓力也不像都市那麼大。而且開銷省，所以阿達的老婆可以不用上班，專心在家帶小孩。他們很滿意這樣的生活！

不過，阿達唯一的孩子國小畢業了，他們開始考慮要搬到市區。因為，高中聯考要面對的是全縣國中生，若繼續留在鄉下，恐怕孩子的程度會不如市區的國中生，將來聯考是要吃虧的。最後，為了孩子的教育，他們決定舉家搬到市區。

阿達買了一戶新公寓，雖然空間不像鄉下這麼大，但環境好，裝潢新、設施完善；尤其是中庭花園，種滿花草樹木，還有噴水池。而且，新家離學校近，交通方便，附近還有公園、大型購物中心，可謂生活機能齊全。阿達一家人愛死這裡了！

選了個黃道吉日，阿達一家人高高興興的「入厝」。阿達仍舊在以前公司上班，因為距離差不多；而阿達老婆也找了份半天的工作，因此家裡的開銷用度，仍維持原有的水準。至於孩子，一樣努力讀書，成績一樣好。對於新生活，他們似乎適應的很好。

由於阿達新家是新社區，一開始住戶不多。漸漸地，愈來愈多人搬進來，問題也逐漸浮現，尤其是「聲音」，最讓阿達受不了。例如：晚上經常傳出麻將聲，到了半夜，聲音變得更巨大，影響阿達一家人的睡眠。後來，經過管委會協調：規定住戶晚上十點以後不可以打麻將，問題才獲得解決。可是，又有其他住戶是上夜班，下班回來已三更半夜。這時浴室沖水的聲音，往往吵醒「淺眠」的阿達。「總不能要人家下班不洗澡、不上廁所吧！」阿達苦惱的說。

原本對於新家環境很滿意的阿達，開始不適應。因為他多年來有「睡眠品質不佳」的困擾。以前住鄉下，獨門獨戶，沒什麼聲音。只要調整一下作息，睡眠的問題還可以控制，不會影響健康。現在搬到公寓，樓上樓下、左右兩邊都住著人。不可避免的，總會發出聲響，尤其是半夜的沖水聲更明顯。

阿達已經一個月沒好好睡覺了。對於這樣的居住環境，他實在難以適應。可是若要搬回鄉下，孩子的教育問題怎麼辦？阿達左右為難。

# 第三章 促機篇

「趨吉避凶、消災免難」是大家的期望；
「因業果報，絲毫不爽」是天理之法則，
生為「人」的我們，能如何真正避其凶禍免除災劫，而又能不悖離因果報受之定律，
此真是一道令人困惑又百思不得其解的難題，
不必煩惱，
也不用憂愁，
讓我們共同來解開此難題的答案。

## 第一節 促機神算之法要

道降火宅論累世因緣、論祖源、論今生行持，此符應了玄門真宗教脈教主—「玄靈高上帝」的「選賢」、「拔聖」、「渡九玄」之三大使命，恩師期盼云云眾生能超生了死止斷輪迴而不再受業報之苦，能朗然徹悟而不再沉淪於茫然無知的境域，能明白祖源、累世對此生之影響，而能正視面對並勇於改宜，期盼此生能活得清爽、活得自在尊嚴、活出生命的泉源，活出生命之火花，更能因精進、了業、報恩而達到「三世因果一世清了」的最高境界。

此五方圓融因緣之促機法，論述的重點在於以玉皇大天尊玄靈高上帝之「三綱」—天、地、人；「使命」—選賢、拔聖、渡九玄；「五常德」—仁、義、禮、智、信為論述之主軸，在其救贖眾生的大誓願下，而延伸「人生之三大問題根源」—累世、祖源、今生；期盼配以「三大功課」—精進、了業、報恩；「五大努力之目標」—身體健康、人際關係、事業經營、家庭和諧、精進修行，而能無債一身輕，進而能因三世因果一世清而證登圓融清淨的自在境域。

## 第二節 促機神算之理論依據

「促機神算」之法乃依當下因緣，以玄靈高上帝之三綱（天－累世因緣、地－祖源、人－今生行持），配合五常德（仁、義、禮、智、信），輔以人生五大功課（身體健康、人際關係、事業經營、家庭和諧、修行精進）為主軸，所發展出的一套論人吉凶禍福、因果業報的理則依據，並據此得知困境、阻力、挫折、不順、不安、災難之根本原因，且能依「因」徹底解決人生之困境與茫然，是由內而外、由淺至深的化解改變，絕非在表相或皮毛上打轉，亦絕非隔靴搔癢，抓不住方向或找不出病因的胡亂醫治，是讓人脫胎換骨、成就一生、光宗耀祖、超凡入聖甚至止斷輪迴、超生了死的上佳良方。

何以此促機法之論斷要以「三綱」為主軸、為綱領呢？

人之一生，在功名利祿、恩怨情仇、名分歸屬等因素的交錯左右與催化下，其興衰榮辱、富貴貧賤、發達沒落、成功失敗、獲得失去、和諧爭鬥、恩情仇恨，莫不受累世因業、祖宗源流、今生行持所影響，而此三大影響人生之根本元素，若不能大徹大悟、體證領悟其中之奧祕與真義，則永在輪迴的軌跡中來來回回，難有盡頭，更難有跳脫此循環不息的自然法則與大道之規律。

再者，何以要以「五常德」所延伸出的人生五大功課為論述之方向呢？

人生在世有諸多理想與抱負，有非擔負的責任與義務，有需完成的職責與使命，而此理想、責任、使命不管是心甘情願、勉為其難，亦或是無奈悔恨等因素所形成的，總難離開身體健康、人際關係、家庭和諧、事業經營、修行精進等五大人生必須面對之課題。由日出至日落的汲汲營營，由深夜到清晨的忙忙碌碌，都在為這五大人生功課盡心盡力，少有停歇，直至嚥下最後一口氣。

## 第三節 促機神算之原則

「促機神算」之法乃欲占事之人，在當下之時空因緣，於內心虔誠敬稟恩師仙佛欲知之事後，在恩師之慈悲作主下，請占事之人於經由仙佛開敕加持過的15個香瓶中請出一瓶，再藉由代天宣化之修徒，依儀軌將香瓶所顯示的因緣及占事之人欲知事情之始末緣由或吉凶禍福做一說明，說明之原則如下：

一、仙佛慈憫眾生之心、渡拔云黎之苦的大誓願、救贖蒼生之使命。

二、占事之人此生之因緣，是來自何方國度？具備何種生命本質？何種人格特質？何種生命頻譜？有那些偏執業緣？是因何而來？來後須完成之使命、須肩負之職責以及必須修習之功課又有哪些？

三、論述既生而為人，就應明白影響此生之三大因素：祖源、累世因緣、今生行持。

四、藉由五大功課（身體健康、人際關係、家庭和諧、事業經營、修行精進）之修來成就今生。

五、占事之人當下之時空因緣，所顯示問題困境之始末緣由、吉凶禍福以及改善之道與調整之法。

此殊勝之法，須懇祈仙佛恩師慈悲作主，因此，占事之人，須虔誠持咒與恩師相應於當下之因緣，如此必定靈驗無比，若心存傲慢輕浮測試之心，則必會自承罪責。

## 第四節 促機神算之流程儀軌

從前有兩位進京趕考的考生，路經一座寺廟寄宿時，為瞭解自己的考運，於是就在廟中求籤，祈求菩薩指示分明。甲生虔誠上香稟告敬拜後，抽中上書「串」字之籤，甲生請廟祝解釋，廟祝接過籤詩一看，面帶微笑的對甲生說：「恭喜你！由這支籤顯示可得知，此次你必金榜題名。」甲生仍疑惑不解，廟祝再解釋道：「串字乃兩個中，因此你不但會金榜題名而且還會名列前茅。」乙生在旁聽得一清二楚，於是他也故作虔誠敬拜狀後，就故意去抽取剛剛甲生所抽出的「串」字籤，再去請廟祝為其解釋，廟祝言：「此乃下下籤，不可能考得上，還是早日回鄉吧！」乙生聽完很不服氣的說：「剛剛甲生抽出與我相同之籤，你說會金榜題名！而我亦抽中相同之籤，你卻說是名落孫山！何以相同之籤會有如此大的差異呢？」廟祝言：「因你剛才在抽籤時存有不當之心思，故『串』字再加上『心』字，不就是『患』字嗎？」果不其然，放榜後甲生真的高中狀元，而乙生卻是榜上無名。所謂「直心是道場」，凡事若能真心相應，不巧詐訛騙，不自作聰明、不自以為是，必能有所成就。

「促機神算法」之促機，絕非如坊間之占卜問事，而是經由玉皇大天尊玄靈高上帝敕准，為渡引救贖芸芸眾生之殊機妙法，是論祖源、論累世業緣、論今生行持之訣機大法，不但能預知禍福、趨吉避凶，且能得知造成今日此事吉凶禍福之因，是由何而來？來後之因業果報又是如何？而在得知此來龍去脈、業緣報受時，我們應如何去面對？應抱持何種態度？應如何去化解？又有哪些化解改宜之殊勝妙法，既能避其凶禍之傷害，又能從根本去調整、改善、轉化，而真正達到標本兼治的功效呢？

因此，在祈請此法時，不但求問之人需虔敬慎心，代天宣化之修徒，亦應謹心誠敬，切勿有輕漫嬉鬧或虛妄自大之浮誇言行，所以在進行此促機妙法之前，必謹遵如下之儀軌流程：

1、請信眾靜心合掌，心中默請恩師並稟明求問之人的姓名、住址、出生年月日及祈求之事。

2、隨機請取一個因緣契合之香瓶，交由代天宣化之修徒。詢問今日想知之問題。

3、聞香。

4、代天宣化者閉眼靜心片刻，或持咒或默請恩師。

5、依因緣解說影響其吉凶禍福之來龍去脈（以恩師之三大使命、人生五大課題及此生之使命職責因緣為論述之主軸）。

6、化解改善或調整轉化之法（法事、氣味、顏色、修行功課等）。

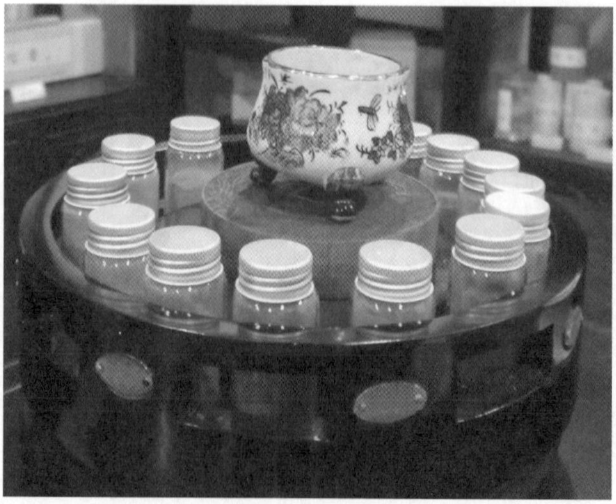

## 第五節 促機神算之「論因緣」實例

**實例一**

有一位民國41年出生之信眾，於癸巳年丁巳月，依儀後祈請到祖源中黃色之香瓶，請就其因緣說明之。

一、41年出生：

1、具有北方國度之因緣。

2、具有智慧、分析、研究、思考、博學之生命特質。

3、此生應著重修習之人生課題在於精進修行。

4、個性：正向者為機智、敏銳、明辨是非、有內涵；若為負向之表徵則是陰沉、巧智、冷漠、鑽牛角尖。

二、丁巳月乃夏天屬火為用；祖源黃色代表屬土為體，火生土乃用生體，就以其祖源而言，所顯示之象意有：

1、祖德流芳，祖蔭庇佑子孫，世系源流清楚明白。

2、身體健康，少有遺傳之病痛。

3、待人處事彬彬有禮，有長輩或貴人緣。

4、家庭和諧圓融，家人互助互成。

5、事業心積極，成就機緣甚佳。

6、人生之態度是正向而光明的，精勤不懈。

## 實例二

有一位60年次之信眾，於壬辰年辛亥月，祈請之因緣為累世因緣中之紅色香瓶，請就其因緣說明之。

一、60年出生：

1、具有西方國度之因緣。

2、具有交際、溝通、領導、協調、權力、財富之生命特質。

3、此生應著重修習之人生課題在於事業經營。

4、個性：正向者為待人恭敬、重倫理綱常、反應靈敏、果斷；若為負向之表徵則是本位主義、自私愛計較、好辯、持恆不足。

二、辛亥月乃冬天屬性為水，是為用；累世因緣紅色香瓶其屬性為火，是為體。水剋火是為用剋體，就以累世因緣而言，其象意有：

1、累世之習氣執偏此時顯現，並深深受其影響。

2、身體易出現先天病因所引發之病症。

3、人際關係不佳，不易與人相處。

4、家庭易因自己之執偏，而時有爭執吵鬧，氣氛不甚和諧。
5、事業正處低潮或失敗，上班亦難如意，有被裁退之可能。
6、對人生之態度悲觀、退縮、失望、消極。

## 實例三

有一位50年出生之信眾，於壬辰年癸卯月，依儀祈請之因緣為今生行持中之黑色香瓶，請就其因緣說明之。

一、50年出生：

1、具有中方國度之因緣。

2、具有誠信、包容、踏實、負責、按部就班、安定之生命特質。

3、此生應著重修習之人生課題在於家庭和諧。

4、個性：正向者為忠厚、誠信、包容、實在、守諾、合群；若為負向之表徵則是孤僻、多疑、死板、吝嗇、不知變通。

二、癸卯月乃春季屬性為木，是為用；今生行持黑色香瓶其屬性為水，是為體。水生木為休之表徵，依今生行持之時空因緣而有如下之象意：

1、今生之思維、觀念、態度不甚積極，缺乏持恆之心。

2、身體體質不佳，抵抗力差，保健養生或運動難以持恆。

3、常換朋友，朋友之往來交往難以持續，待人則先熱後冷。

4、工作無法固定，經常換工作，對事業則是心有餘而力不足。

5、對家庭經營，常不耐煩甚至無力感。

6、對生命之態度，則常在失望、遺憾、嘆息中度過。

以上事例，乃依當下之時空因緣，依祖源、累世因緣、今生行持所顯現之徵兆，而概論其對生命本意、身體健康、人際關係、事業經營以及家庭和諧等方面之影響。

## 第六節 促機神算之「論因緣對待」實例

**實例一**

有一位60年次之信眾，於壬辰年壬子月，祈求請示事業之事，依儀軌所示，虔敬請出祖源中之紅色香瓶，請就其因緣對待所產生之吉凶禍福說明之。

**一、60年次為辛亥年，出生來自西方國度，屬性為金，此為「體」。**

**二、祖源之紅色香瓶屬性為火，此為「用」。**

**三、壬辰年壬子月乃是冬季，屬性為水。**

**四、體為金，金生水，為我生，故為「休」；用為火，水剋火，為剋我，故為「死」。**

**五、依當下之時空因緣為用（火）剋體（金），而體為休故有下列象意：**

1、目前事業呈現資金調度困難之象。
2、投資雖當下看好，但後勢呈現衰退之象。
3、對事業由充滿信心至悲觀灰心。
4、防銀根被抽走及小人之陷害。
5、上班之人其工作態度，由熱忱期待變為消極應付。
6、升遷之時呼聲高，宣佈時卻榜上無名。
7、做事之態度先熱後冷，難以持恆，總是說多做少。

由上述所呈現之象，究其根源乃是祖源之問題所造成之現象：祖源（火）剋體（金），雖「用」目前是「死」，因此所影響之力道尚不強，但「體」本身亦是「休」，呈現無力之狀態，因此傷害影響尚在忍受範圍之內，建議應速由釐清祖源之問題著手，否則，若祖源（用）呈現旺或相之氣勢時，則會有難以招架，甚至一敗塗地之情形。

**六、化解改善之法：**

1、由釐清祖源之問題著手，尋求根本之業因化解之。
2、改善現有居家之磁場，可請「圓融香」供養祖先，以氣味轉化祖業，相信能有改變轉化之機。

## 實例二

有一位民國56年出生之信眾，於辛卯年甲午月，祈求請示人際關係（交朋友）之事，依儀後虔誠請到累世因緣中紅色之香瓶，請就其因緣對待所產生之吉凶禍福說明之。

**一、民國56年乃丁未年，出生時之因緣乃來自北方國度，屬性為水，此為「體」。**

**二、累世因緣之紅色香瓶屬性為火，此為「用」。**

**三、辛卯年甲午月是為夏季，屬性為火。**

**四、體為水，水剋火，乃我剋，故為「囚」；用為火與夏季火為比和，故為「旺」。**

**五、體為囚，用為旺，由此依當下之時空因緣推論，有如下之象意：**

1、此人個性嘮叨、龜毛、愛管人或干涉別人之私事，講話口氣不佳、態度暴躁。

2、常得罪人，惹人厭，人緣不佳。

3、與人相處，總以自己之立場為主，難以接受他人之意見。

4、體為（水）為囚，用為火為旺，故雖是水剋火，但「體弱、用強」故無力剋用，因此雖常想管人或壓人，但總遭對方回嗆，碰一鼻子灰，最後下場是灰頭土臉。

5、與朋友相處，總是口角爭執，甚至打架收場。

由上述所呈現之象，究其根源乃是累世業緣影響所致，雖當下因緣是體剋用，亦即此人不相信自己之言行或如今之人際關係，乃是受累世習氣業力所影響，但由累世因緣所呈現之旺可知，此累世業力已現前，若不速行改善化解轉化，恐有厄報臨身。

## 六、化解改善之法

1、查辦累世業結，從根從本尋求化冤解結。

2、先行增強及改善調整自己的磁場能量，故建議可供「報恩香」以其氣味轉化磁場，讓自己處於平和寧靜之磁場中。

## 實例三

有一位民國69年出生之信眾，於壬辰年立夏前10天，祈求請示身體健康之事，依儀虔誠請到今生行持中之白色香瓶，請就其因緣對待所產生之吉凶禍福說明之。

**一、民國69年乃庚申年，出生之因緣乃來自東方國度，屬性為木，此為「體」。**

**二、今生行持中之白色香瓶屬性為金，此為「用」。**

**三、立夏前10天乃為四季之月，屬性為土。**

**四、體為木，木剋土，故此時之因緣，體為「囚」；用為金，土生金，此時之用為「相」。**

**五、體為囚，用為相，用（金）剋體（木），因此依當下之時空因緣推論，有如下之象意：**

1、此人不愛惜自己之身體、作息沒有規律、常日夜顛倒。

2、總認為身體還很健壯，因此蹧蹋傷害身體之事見怪不怪常有之。

3、目前常有精神不濟、疲倦、嗜睡之現象，且視力衰退、筋骨痠痛。

4、體為木、為「囚」象，用為金、為「相」象，用剋體，且用為強、體為弱，因此身體每況愈下，肝已嚴重出現病症，應速就醫調整改善。

由上述所呈現之象，此人之身體之所以會如此，究其根源乃是受今生行持之因素所影響，由於不知作息正常、生活規律、愛惜身體等，所以會有如此之結果報受。

**六、建議改善調整之法：**

1、迅速就醫外，宜徹底調整一切的生活作息—正常、規律。

2、可改善居住或工作環境之磁場，並強化自己之能量，故可請「報恩香」供之，以氣味調整轉化，讓自己生活在吉祥平和的磁場中，並藉此調整改善之。

# 第四章 因緣篇

清朝順治皇帝曾言：「未曾生我誰是我，生我之時我是誰，來時歡喜去時悲，闔眼朦朧又是誰。」

不管「誰是我」，
還是「我是誰」，
亦或是「又是誰」，
這個「誰」字，
隱含了多少「生死來去」的秘密，
又潛藏了哪些生命密碼，
數千年來一直困惑著我們，也一直是一個難以解開的謎。
現在，就讓我們共同來揭開「生從何來，死歸何處」的神秘面紗吧！

## 第一節 由出生時之因緣論人生之使命、職責、功課

生而為人，不管是前世行善積德要來享受福報，還是因性偏執著之業緣報受要來調整改宜自己，亦或是發下宏願倒裝下凡而來慈憫云云眾生，既來到此娑婆世界，就有自己應完成的使命，應承擔的職責以及應修習之功課。

而此使命職責或功課之修，就如同試卷之作答，亦即上天在你出生之時，就發給您一張空白之試卷，而此試卷之作答方式、內容或書寫之格式，完全由你作主或掌控，只是您必須於此生終了，走出娑婆世界時作答完成。所以，不論是達官貴人亦或是販夫走卒皆得交出此試卷，以做為評判試卷分數之高低。因此，面對此試卷之課題時，你所抱持的態度，是隨意填鴉、敷衍應付，亦或是戒慎其心、積極認真，則其決定權完全掌控在你的手中。

一般而言，每個人於出生時領取之試卷，其內容大致可歸納為三大類型，即「精進」、「了業」、「報恩」，至於你會領到何種類型之試卷，則依出生之時空因緣、累世應彌足之功課，以及因誓志而發下之宏願為準則，所以，既然「來了」，就應明白清楚試卷內所呈現的試題，並竭盡心力積極認真的作答，期盼能交出一張漂亮的成績單，當「乘風而去」之時，

能面帶笑容、無怨無悔、了無遺憾的揮手離開。

「報恩」乃是渡九玄之使命，是要我們如何真正落實報父母恩、渡九玄七祖的修行課題，亦即肩負著薪火相傳、承先啟後、釐清祖源、承擔祖業的重大職責，在此前題下，如何釐清祖先源流、族譜世系、祖先牌位、名分依歸，乃是不容忽視之課題。再進而超渡薦拔祖先、期盼歷代祖先九玄七祖能化冤解結、能放下一切執罣糾纏，並能因此而脫離業海之苦難與折磨，早日皈往清淨自在的圓融國度。

「了業」乃是化解累世因業。每個人在不斷的輪迴轉世中，皆會或多或少的將累世中的恩怨情仇、功名利祿、名分歸宿、執罣性偏、深刻的喜怒哀樂等記憶，片段的殘留潛藏在深層的意識中，而此潛藏之記憶，便會在投胎時，不著痕跡的影響左右或干擾著你，讓你在不知不覺中又重蹈累世之腳步，過著似曾相識的生活，犯著熟悉而不自覺的錯誤，在悔恨怨懟、遺憾無奈中走完人生，如此反覆循環，何時才能走到盡頭？又何日才能證登彼岸呢？真是遙遙無期。因此，如何讓今生的一切行舉，不再受累世記憶的干擾與左右，甚至就此止斷，乃是今生必須修習之重要課題。

「精進」乃積極努力的修正改宜今生的一切不良習氣執性，及負面消極的思想、觀念、態度，期盼能成就於今生。須知，一生的行為舉止、觀念態度乃影響左右此生成就或失敗之關鍵，要想突破累世負面習氣之干擾，止斷無窮無盡的輪迴，唯有珍惜此生之一切因緣，藉機而全力扭轉頹勢。然而，在邁步向前勇往直行之前，則應確認方向，亦即應先釐清此生之缺失、阻礙成就之癥結，如此方能對症下藥，達到事半功倍之效，也不會因再度迷失方向而心寸慌亂，進而又讓此生在懊惱遺憾中畫下句點。

「玉皇大天尊玄靈高上帝」為救贖渡引迷茫之云云眾生，能明瞭徹悟自己生而為人，來此娑婆世界所必須完成的使命職責或功課，便將了業、報恩、精進三大人生應努力完成之課題，化為自己之使命，亦即「選賢」、「拔聖」、「渡九玄」，以此宏大誓願來渡引救贖天下蒼生云黎，能早日成就於今生，圓融於此世。期盼有緣之修徒皆能在畫下人生之休止符時，能交出一張漂亮的人生成績單，更期望在完成自己的人生功課時，能提升靈性、了悟生老病苦死、明瞭因業果報輪迴之苦痛，進而立志成就此生，積極朝向「三世因果一世清」之終極目標勇往邁進，在揮揮衣袖的當下能證登圓融之淨域。

## 第二節 由「關聖帝君」之五常德精神看「五方國度」之因緣

人出生時所具有的生命頻譜，依其當下之時空因緣，可分為東、南、西、北、中五方之國度，此正符應了關聖帝君之五常德精神─仁、義、禮、智、信，而此五方國度發展出五種不同類型的生命特質與人格特性。

依此五種潛在之能量特質，所發展出來的個性、興趣、專長、喜忌、性向便各有不同，至於能否發展宏遠亦或是阻礙重重，端賴其所選擇從事之工作、職務、行業是否與自己潛在之生命本質或同質性之能量磁場相呼應。相符者，能量充沛、磁場融洽，其生命力、潛在能量，必能相互助力，具有加乘之效果，能讓生命發光發亮，因此，成就之機必高於一般之人。反之，若是所選擇之工作職務與生命潛在之特質不同，不但無法相輔相成得其助力，反而因質性之不同而起排斥之作用，如此，不但生命潛能被壓抑、被排斥，更惶論能激盪出燦爛光輝的生命火花，因此，如何清楚明白自己的生命特質與潛在能量？如何使其相輔相成彼此盪擊？如何活出生命光輝與泉源？乃是重要而不可忽視的人生課題。

仁義禮智信乃玄靈高上帝（關聖帝君）為人之風範、封神之精神，亦即所謂的五常德。

而其涵意與特質在「玉皇普渡聖經」中有詳細論述，茲摘錄如下：

仁者：慈悲為懷、矜孤恤寡、敬老憐貧、濟物利人、戒殺放生、親切和順、人能行之、好生之德、上合天心。

義者：公正無私、無諂無驕、不淫不佚、輕財樂輸、見危必救、羞惡之心、人能行之、穩卜帝德、萬事回春。

禮者：有尊有敬、有威有儀、無偏無黨、文質彬彬、節己之慾、揖讓之心、人能行之、以離諸怨、天下皆親。

智者：知時識務、戒欺求慊、觀察想像、能辨是非、好善不倦、樂天知命、人能行之、諸神護佑、唯德是輔。

信者：誠實不欺、信賴不疑、言出由衷、始終不渝、處世端正、克盡本分。人能行之、不欺不妄、是為根本。

因此，人之生命本質、潛在能量及其適性之發展，原則上可分此五大類型，而此五大類型之特徵顯現，有正向與負向之表徵，出生因緣若得時運之助或當運者，其所呈現出生命與人格特徵，則較偏向正面的、積極的、光明的屬性，若所出生之時空因緣，不當運或是為時運所剋制，則其所呈現出來的本質與特徵，則較傾向於負面的、消極的、晦暗的屬性。

茲簡錄關聖帝君生平有關五常德之事蹟以供參考，期盼有緣之修者能效法之：

**一、千里尋兄　不忘其本：**

史載：帝君斬顏良、文醜後，始知劉備在袁紹軍中，乃辭曹操（屢不得見，遂留信告辭，掛印封金，請出二位兄嫂，往北而行），曹操左右人馬欲追回，曹操阻止道：「事主不忘其本，來去明白，實不愧為大丈夫！」遂讓帝君揚長而去，此乃「仁」的表現。

**二、華容放曹　深明大義：**

史載：赤壁之戰，孔明派帝君把守華容道，適逢曹操敗逃到此，乃向前求道：「望將軍念及昔日之情義，放我一條生路！」帝君道：「昔日我受丞相大恩，但已斬顏良；誅文醜回報，今日兩軍交戰，豈能以私害公？」曹操再度苦求道：「將軍深明春秋大義，寧不知庾公之斯，不殺濯的故事嗎？」是時，帝君俯首不語，乃令諸將釋放曹操而逃，此乃「義」的表現。

**三、秉燭達旦　守其大節：**

史載，帝君與張遼「三約明志」後，遂送二位兄嫂前往曹軍暫住，但曹操心懷不軌，欲使帝君與二位兄嫂共室，但帝君每秉燭立待天明於門前，守其大節，此乃「禮」之表現。

## 四、水淹七軍　威震華夏：

史載：帝君急攻樊城，曹操憂心令於禁、龐德率七營精兵救曹仁，但見帝君神威凜凜，不敢輕敵，屯軍待機，是時，帝君略施小計，派人到襄江上流，塞住各處水口，待江水上漲之時。再放水而下，使於禁七軍，進退兩難，只好投降，唯龐德不服被斬。自此，帝君威震華夏，人人讚揚，此乃「智」的表現。

## 五、單刀赴會　取信魯肅：

史載東吳孫權派魯肅、呂蒙等欲取回荊州（魯肅施計，邀請帝君赴宴，關平諫阻；帝君不從，遂偕周倉駕一扁舟，單刀赴會，不帶士卒）。酒宴中，雙方爭議良久，周倉持刀大喝道，「天下土地有德者居之，為何荊州該屬東吳所有呢？」帝君是時變容奪刀言道：「此國家大事，汝何敢多言？」周倉得知帝君之意退出。帝君乃偽裝飲醉，右手執大刀，左手挽魯肅，直至江邊，方才鬆手，登舟道別，魯肅伏兵莫可奈何，眼見帝君揚長而去，此乃「信」之表現。

# 第三節 五方國度之因緣 特質 意義

凡生長於中土之華人，數千年來之道統傳承，皆有一個共通之特質，即舉凡生活中的一切，不論是求職升官、病痛尋醫、產婦生子、飲食健康都離不開陰陽五行之生剋制化，如婚喪喜慶之擇日、新生嬰兒之命名、命理八字之推論、占卜吉凶之徵兆、堪輿風水之定位、飲食與健康之對應、依季節之養生保健、中醫論五臟六腑之相互影響，以及一個人的運勢起伏、一個家庭的興旺殁落，甚至一個國家的之興盛與衰敗……凡與生活有關的一切人事時地物，幾乎會或多或少受五行之說影響或左右之。

為什麼我們會受如此之深的影響呢？究其緣由乃是我們依因緣而來自東、南、西、北、中之五方國度，在「五方圓融」之因緣中，個人依業緣報受轉世投胎而來，因此，有來自東方國度、有來自西方國度、有來自南方國度、有來自北方國度，亦或有人來自中方之國度，因來自的國度不同，所以與生俱來之習氣、個性、特質、業報、使命、職責便會有所差異，而須修習之功課、擔負的責任與完成的任務更是因人而異有所不同。茲依序說明之：

## （1）東方國度之因緣

一、生命特質：堅持、執行力強、技術。是為「行動型」。

二、個性：

正向：正直、仁慈、樸實、具同情憐憫之心、有主見、獨立性強。

負向：情緒不穩、消極思考、不喜與人相處、有嫉妒之心、易自以為是、不服人、說話直來直往不顧別人感受。

三、顏色之喜忌：

喜：青色、草綠色、黑色、藍色。

忌：白色、銀色、黃色、咖啡色。

四、適合之工作特性：執行、銷售、推廣、維修、業務。

**五、方位與發展方向之喜忌：**

喜：東方、東南方、北方。

忌：西方、西北方、西南方。

**六、有助生命能量頻譜提升之氣味香：**

上三品者：「寧神香」、「精勤香」。

中三品者：「敦仁香」、「百濯香」。

下三品者：「解厄香」、「報恩香」。

**七、此生應著重修習之人生課題乃是身體健康。**

**八、適合之職業：教育、文化、園藝、家具、宗教、中醫、軍警。**

**九、此生之病源：眼睛、肝、膽、筋。**

十、幸運數字：1、3、6、8。

十一、依祖源、累世業緣、今生行持之影響所呈現之象意：

**祖源方面：**

上三品者：

1、祖德流芳、祖源清淨、知報孝恩拔渡祖先、身體安康不受祖源干擾、遺傳病因甚少。

2、祖蔭庇佑、祖牌得宜、世系有據、身疾非祖源或基因所致。

中三品者：

以自己的認知觀念去看待祖源之問題，亦即心中持懷疑之態度，因此，對祭拜或超渡祖先是不想也不願意去做的，即使身有隱疾亦不相信是受祖源之影響，而願意著手改善。

下三品者：

1、受祖源干擾，如洩氣皮球，常覺全身乏力提不起勁，心神恐慌難有安住之時日。

2、遺傳病因強烈，且身體受其干擾而為病痛所困，受祖源之影響明顯而強烈。

**累世業緣方面：**

上三品者：

1、身體少病痛及意外之災，無不良之嗜好與習性，常吸收健康之新知。

2、具有養生保健、健康檢查的觀念，得先天性疾病之機率較低，身體健康有活力，精神飽滿。

中三品者：

對於習性、業力、累世之業緣，會影響身體健康，或是先天疾病是因累世之業報果受等說法，基本上是難以接受的，因其心中自有一套自以為是之論點，所以即使目前受其所困，仍然任性執偏的選擇不相信。

下三品者：

1、原有之習性雖想改善，但總覺得有氣無力或力不從心，對於運動、正常作息、保健養生皆是先熱後冷的態度。

2、易有先天疾病或無法診出之痛（不明原因）、意外災害或血光之災。不理會正常作息、養生保健對身體的重要性。

**今生行持方面：**

上三品者：

1、行作得宜、身體健康、體質佳。

2、重養生、作息正常。

中三品者：

總認為身體健康掌握在自己手中，對於養生、保健、運動、生病就醫或平日之飲食、生活作息自有一套理論，此種人不太能接受他人之建議，即使是小病不斷也不願意嘗試去做改變。

下三品者：

1、生活作息失常、營養觀念薄弱、抵抗力差。

2、戕害身體、病痛纏身。

## （2）南方國度之因緣

一、生命特質：藝術、創意、浪漫、熱情，是為「表現型」。

二、個性：

正向：熱情、浪漫、坦率、熱心助人、講義氣、佈施、主動、積極。

負向：易焦慮、衝動、多變、好事理、急躁、火氣大、嘴快而直、好勝、好名、好面子。

三、顏色之喜忌：

喜：粉紅色、紅色、綠色、青色。

忌：藍色、黑色、白色、銀色。

四、適合工作之特性：藝術、表演、服飾、設計、創意、策劃、文化、廣告。

五、方位與發展方向之喜忌：

喜：南方、東方、東南方。

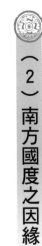

忌：北方、西方、西北方。

六、有助生命能量頻譜提升之氣味香：

上三品者：「結義香」、「寧神香」。

中三品者：「百和香」、「敦仁香」。

下三品者：「解業香」、「解厄香」。

七、此生應著重修習之人生課題乃是人際關係。

八、適合之職業：燈光、照明、熱飲、油、酒、瓦斯、美髮、美容、化妝、食品。

九、此生之病源：心臟、頭部、脈、小腸、三焦、舌、血液循環系統。

十、幸運數字：2、3、7、8。

## 十一、依祖源、累世業緣、今生行持之影響所呈現之象意：

**祖源方面：**

上三品者：

1、祖源清淨、拓展人脈順利、人際關係佳、親君子遠小人、有領導才華、活躍於各團體之中、團體中之靈魂人物。

2、得祖德之蔭助、人際關係之經營頗為順遂、小人難以得逞、常有貴人長輩提攜協成。

中三品者：

人際關係之經營不佳，與人相處總喜歡以自己的意見為主，因此在團體中不是我行我素就是喜歡獨來獨往，很難融於團體之中，所以知心朋友不多。

下三品者：

1、因祖源之擾令其人際關係之經營常力不從心，受小人之暗傷而損其聲望壞其人緣，生活圈不大。

2、逃避團體生活或活動，人多之場合就令其有不安窒息之感，人際關係甚差，應對進退不得體或有恐慌懼怕之感，喜離群獨處。

**累世業緣方面：**

上三品者：

1、善於經營人際關係，常保持給人法喜、給人希望、給人方便，主動關懷照顧人（人稱老大姐或老大哥），同事、朋友眼中的好人，值得信賴，有領袖的特質，活躍於公眾場合中。

2、具個人特質，表現深得長輩、長官的欣賞稱許，有長輩緣，有神緣，給人親切感，喜歡與其交往講話。

中三品者：

一言一語、一舉一動總跳脫不出昔日之慣性，常有損人之動作、話語而不自知，始終相信自己的待人處事觀是正確、最佳的，因此，在「傷人心、逆人意、斷人路」後，仍堅持錯是在別人，與自己不相干。

下三品者：

1、有晚輩緣，會照顧晚輩，但付出難有回報，想要修正過往之待人處事方式態度，但總在遺憾懊惱中度過（說說而已）。

2、易遭團體排擠，易受他人攻擊批評，大家不想與之互動，受到傷害仍得不到同情或安慰，人緣不佳，鮮少有出頭領導之機會。

**今生行持方面：**

上三品者：

1、待人親切、關懷他人、人緣甚佳。

2、貴人提攜、有長輩緣。

中三品者：

說話不得體常得罪人、口舌是非多、人皆敬而遠之，凡此一切都是自己的言行所造成的，但他仍不相信業結與累世是有其關連性的，因此冤結之顯現不知及時化解。

下三品者：

1、人緣平和、照顧晚輩、說話不知節制、察言觀色能力不足。

2、人緣極差、孤僻成性、畏縮、不善交際。

## （3）西方國度之因緣

一、生命特質：領導、交際、溝通、協調、權力、財富、地位、談判，是為「領導型」。

二、個性：

正向：正義感、待人恭敬、彬彬有禮、重倫理綱常、善領導、精力充足、果斷靈敏、反應快、感恩。

負向：較自私、行動力不足、無法持恆、缺同情心、本位主義、好辯、虛偽、巧言令色、愛計較。

三、顏色之喜忌：

喜：金色、銀色、黃色、咖啡色。

忌：粉紅色、紅色、綠色、青色。

四、適合工作之特性：談判、領導、溝通、協調、公關。

**五、方位與發展方向之喜忌：**

喜：西方、中方（出生地、祖居地）。

忌：南方、東方、東南方。

**六、有助生命能量頻譜提升之氣味香：**

上三品者：「貴人香」、「和諧香」。

中三品者：「敘禮香」、「敬信香」。

下三品者：「財運福報香」、「圓融香」。

**七、此生應著重修習之人生課題乃是事業經營。**

**八、適合之職業：金融、交通、機械、汽車、電腦、五金、電機、鋼鐵、民意代表。**

**九、此生之病源：鼻子、皮膚、大腸、肺部、呼吸系統。**

十、幸運數字：0、4、5、9。

## 十一、依祖源、累世業緣、今生行持之影響所呈現之象意：

**祖源方面：**

上三品者：

1、子孫能共同奮鬥事業，心手相連，家人有共同之理想目標。

2、承繼祖業，注重代代相傳及家族企業，祖德庇佑，事業成就高。

中三品者：

對於事業之經營或工作之選擇常有挫折感，但他不願去思考祖源之問題是否有影響，因此在自以為是的認知下，常面臨困境甚至有辱祖先之聲名。

下三品者：

1、對事業之態度或職業之選擇總是先熱後冷，經營事業先成後敗。上班升職呼聲高，但卻一再落馬，叫好不叫座。

2、無祖德之蔭，事業難有成就。工作不順，工作游移不定常被辭退。公司所生產之成品易遭退貨。

**累世業緣方面：**

上三品者：

1、經營事業的態度積極正確，用人眼光準確，且真誠以待，事業心強，工作負責認真，充沛精力，勤奮不懈，有創業及獨當一面之才華，天生主管之格局氣勢，上班者升遷機會多，以能力才華顯現於職場。

2、得上司、長官之栽培提拔，深得上司之信任倚重，有貴人相助，遇困難瓶頸會有人適時伸出援手。

中三品者：

對所從事之工作，總是不滿、不屑或鄙視之，無法用心於工作上，經營事業雖辛苦費神但仍有小財利可得。

下三品者：

１、全心投入工作但回報卻差強人意，全力盡心經營事業但成果總不如預期，善待員工但員工之回應不甚熱烈，對工作之熱度隨時間而降低，表面風光但底子已空，對新進員工或資淺者不吝指導協成。

２、逃避工作，上班令其心慌不安，工作不順，升遷難，易遭辭退，得不到賞識，難有出頭時日，事業難成，有虧損或經營不善之現象，選錯行業，用人不當。投資不當或失敗，職業與命格不合，用盡心機到頭亦是一場空，易拆夥。

**今生行持方面：**

上三品者：

１、善於規劃、積極作為、事業有成。

２、得長官提拔、貴人相助機會多、做事認真負責。

中三品者：

事業雖勞心費力但仍有利可圖，上班雖令其心煩，但仍會努力去做。

下三品者：

1、心有餘而力不足、常覺無力感、易灰心、容易有頭無尾。

2、受同事排擠、被長官壓得死死的不敢吭聲、做錯行業。

## （4）北方國度之因緣

一、生命特質：智慧、分析、研究、思考、博學，是為「分析型」。

二、個性：

正向：有智慧、機智、敏銳、沉著、明辨是非、有內涵深度、精於技術、溫文儒雅。

負向：陰沉、操勞、壓抑、巧智、鑽牛角尖、冷漠、退縮、懶散。

三、顏色之喜忌：

喜：藍色、黑色、白色、銀色。

忌：黃色、咖啡色、紅色、粉紅色。

四、適合工作之特性：研究、發明、分析。

五、方位與發展方向之喜忌：

喜：北方、西方、西北方。
忌：中方、東北方、西南方、南方。

**六、有助生命能量頻譜提升之氣味香：**

上三品者：「精勤香」、「貴人香」。
中三品者：「百濯香」、「敘禮香」。
下三品者：「報恩香」、「財運福報香」。

**七、此生應著重修習之人生課題乃是精進修行。**

**八、適合之職業：漁業、水產、航海、旅遊、冷飲、音響。**

**九、此生之病源：耳朵、骨頭、牙齒、膀胱、腎、泌尿系統。**

十、幸運數字：1、4、6、9。

## 十一、依祖源、累世業緣、今生行持之影響所呈現之象意：

**祖源方面：**

上三品者：

1、祖源清淨、修行成就有機、能相輔相成精進不懈、不受祖業之糾纏。

2、祖德有蔭、易入修行之門。

中三品者：

即使入修，對祖源之釐清、祖先之超渡、祖業之化解，總以自己觀點為思考之方向，不易接納不同之意見，對宗教之信仰亦是如此。

下三品者：

1、知報孝恩渡祖先、為釐清祖源世系、化解祖業祖怨而費盡心力，但結果卻令其不甚滿意，導致生起懷疑之心。

2、祖業之擾，阻礙其修行之機，智慧難以開展。

**累世業緣方面：**

上三品者：

1、入正信宗派修行、得明師教導、得同修互勉提攜、修行因緣深、成就有時、修行之觀念態度得宜、接觸宗教機緣較早。

2、深得住持或資深師長提攜教導、幼年即展現修行之特質、覺知靈性較高、修行機緣深且自然、在修行之家長大（耳濡目染）、精進不懈。

中三品者：

長期受累世業緣之影響束縛，在不知不覺中自斷修行之機緣，或因執偏而難深入宗教或修行。

下三品者：

1、喜歡談論宗教或修行，但無心入修，即使入門亦心不在焉或難精進持恆，愛到處拜拜或訪靈山勝地，修行機緣有但不知把握或即時入修門。

2、無緣入修於正信之宗教或難有明師之機緣。

**今生行持方面：**

上三品者：

1、依師教誨、精進不懈、追尋生命真諦、得明師、入正派教門或新興宗教、領悟力強。

2、甚得師緣、傾囊相授、入修於較古老之教門、依師之言、踏實而行、悟性資質中上之材。

中三品者：

不甚相信鬼神宗教或因業果報，基本上是持懷疑之態度，即使接觸了宗教或修行，仍以自己的思維觀念為依憑，很難相信別人之修行或宗教觀。

下三品者：

1、志高願多但無法持恆、好高騖遠、修法虎頭蛇尾、力不從心、智慧有限、資質平庸。

2、不排斥拜神但只接觸儀式而無法入深，宗教令其頭痛不安，曾被神棍所害導致排斥宗教。

## （5）中方國度之因緣

一、生命特質：誠信、踏實、包容、安定、按部就班、負責，是為「包容型」。

二、個性：

正向：忠厚、誠信、包容、合群、實在、穩重、守諾、樸實、謹慎。

負向：吝嗇、孤僻、背信、牢騷不滿、多疑、死板、不知變通。

三、顏色之喜忌：

喜：黃色、咖啡色、紅色、粉紅色。

忌：綠色、青色、藍色、黑色。

四、適合工作之特性：上班、服務、助理。

五、方位與發展方向之喜忌：

宜：中方（祖居地）東北方、西南方、南方。
忌：東方；東南方、北方。

**六、有助生命能量頻譜提升之氣味香：**

上三品者：「和諧香」、「結義香」。
中三品者：「敬信香」、「百和香」。
下三品者：「圓融香」、「解業香」。

**七、此生應著重修習之人生課題乃是家庭和諧。**

**八、適合之職業：**房地產、建築、農牧畜業、殯葬業、仲人介紹、會計。

**九、此生之病源：**口腔、肌肉、脾、胃、消化系統。

**十、幸運數字：**0、2、5、7。

## 十一、依祖源、累世業緣、今生行持之影響所呈現之象意：

**祖源方面：**

上三品者：

1、關懷提攜家人、家庭和諧、快樂、有情、重視祖德及祖先之源流。

2、有家訓、家風之傳承，重薪火相傳，講究祭祖儀節，積善之家必有餘慶，父慈子孝、兄友弟恭、重倫理綱常、家庭規範，相處融洽有度。

中三品者：

受家風、祖源之無形影響，對家人喜歡呼來喚去或說教，對待家人乃言教重於身教，只准家人聽他的意見，而他卻很難採納家人之建言。家人敢怒不敢言、氣氛不和諧，祖業糾纏或祖靈不安。

下三品者：

1、家庭冷清、氣氛平淡、家人相處不甚熱絡。

2、承襲父母、長輩之習氣、家庭受祖業影響而爭吵不安、反目成仇、祖怨或祖先之爭鬥影響子孫家庭之和諧。

**累世業緣方面：**

上三品者：

1、與家人、親友關係良好，會主動與家人、親友聯繫、寒暄、來往、聚餐，會營造快樂和諧的家庭氣氛，親友的婚喪喜慶會主動參與協助並細心打點。

2、常抱持「能成為家人、親友皆是累世緣分，應珍惜」之心態，與家人相處愉快、沒有負擔，家人會主動關懷照顧他，尤其是父母、兄長。

中三品者：

與家人之相處模式，或交談講話之方式與態度，完全依照自己的原則行之，不理會家人是否能接受，其家庭觀也依自己既有之框架處之。

下三品者：

1、有委屈暗自承受、與家人相處由熱心而無奈無力、對家中事物雖關心助成，但能力有限無法如願。

2、家人彼此有冤結、常有吵架爭鬥之事、不得安寧、家運低落有破裂之象、人丁單薄、家人不和甚反目成仇、不相往來。

**今生行持方面：**

上三品者：

1、積極經營、和諧快樂、兄弟感情佳。

2、得長輩及父母緣、得寵、與家人關係不錯。

中三品者：

對家人嘮叨、好管事、喜說教，雖出自善意或關心，但因方法不得體，導致家人難以接受甚至產生反感。

下三品者：

1、對子女及晚輩照顧、家庭經營較費心神、有無力感之覺、家庭氣氛還算平和。

2、常覺得被家人欺負且不關心他、家中說話沒有份量、不喜歡和家人相處或聚餐同遊。

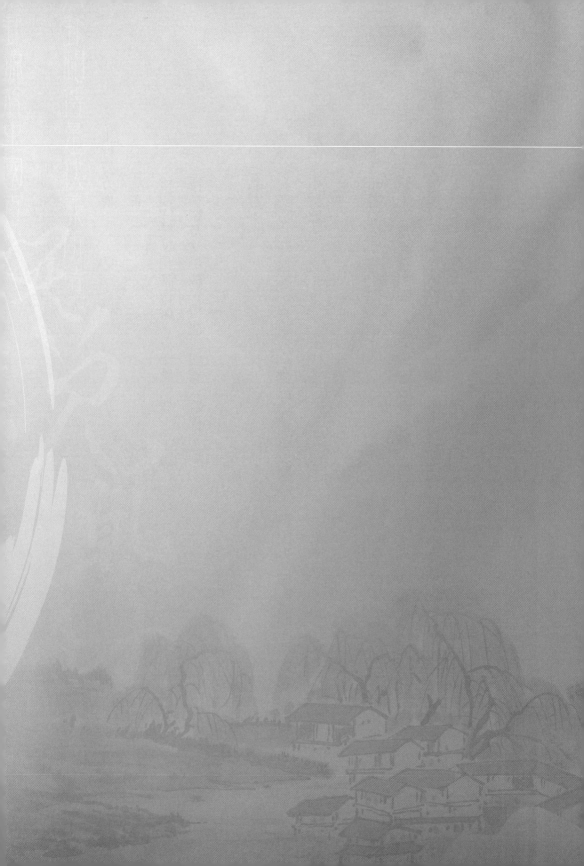

# 第五章

# 業報篇

「為什麼我比別人卡認真，為什麼我比別人卡打拼，為什麼我比別人卡歹命？」

為什麼？

為什麼？

為什麼？

這是多數人的疑惑、不滿與無奈。

然而，先賢有言：

「萬般帶不走，唯有業隨身。」

「各人造業各人擔。」

又言：「欲知前世因，今生受者是；欲知來世果，今生做者是。」

因業果報如何影響著我們？

又如何左右著我們？

想知道嗎？

請靜心看下去，必有滿意的答案。

## 第一節 業報顯現若為「旺」之意

### 1. 旺顯現於「身體健康」之意

#### 放下

住在寺院的一位修行者，每天傍晚時分都會親自去餵他的狗，而他把狗取名為「放下」，每當餵狗時，這位修行者都會喊「放下！放下！」他的小徒弟心中甚是納悶，人家的狗都會取名小黃、小黑之類的名字，怎麼師父卻將小狗取名為「放下」呢？於是他便將心中之疑惑請問師父，然而師父卻笑而不答。

在小弟子細心觀察下，終於發現每當師父餵完狗之後，就會去散散步、打打拳，不再讀經書了。於是小徒弟將觀察結果及領悟的心得向師父報告，此時師父微笑的對他說：「其實每次餵狗時叫放下，就是在告訴自己放下，我們每天只要把握住重點，將其完成便可，不需要斤斤計較，事情如此之繁瑣，怎可能一天就將其完成呢？要適度學會放下，如此身心靈才不會隨波逐流而痛苦過日子啊！終日忙忙碌碌的人，其收穫終究只有疲憊焦慮與不安。」

## 業報若為「旺」顯現於「身體健康」之象意

概述：

作息正常，行作得宜，身體健康，體質佳，身體少病痛及意外之災，無不良之嗜好與習性，常吸收健康之新知。

懂得愛惜身體，具有養生保健及健康檢查的觀念，得先天性疾病之機率較低，身體健康有活力，精神飽滿。

1、身體少疾病、痠痛。

2、少意外、血光、無妄之災。

3、疾病容易醫治康復。

4、生活規律作息正常。

5、無不良習氣嗜好，遠離毒、酒、飆車等之傷害。

6、重養生、保健、運動、飲食、美容、體態，常吸收健康之新知。

7、先天疾病之機率較低。

8、愛惜身體。

9、沒有自殺之傾向。

10、對於偏方祕方之藥或醫療敬而遠之。
11、會定期做健康檢查。
12、一有病痛會立即就醫絕不拖拖拉拉。
13、能聆聽並接受醫護人員或專家之意見。
14、身心易處於和諧安祥之境地。
15、樂天知命，不隨便發脾氣。

## 2. 旺顯現於「人際關係」之意

### 凡事多為他人著想

話說上帝曾經允諾給一對夫妻每人達成一個願望。這對夫妻不約而同的發願要扮演對方的角色。上帝如願以償的達成他們的心願。從此，丈夫搖身一變為每天在家洗衣做飯的賢內助，妻子搖身一變為扛起家庭生計的大男人。變身後的丈夫，每天生活都圍繞著柴、米、油、鹽打轉，儼然成為家中的黃臉婆；變身後的妻子每天為了生計，唯唯諾諾的侍奉著上司及客戶，儼然成為一名小丑。夫妻倆互換生活方式後，認識到自己過去的自私及無知，只會挑對方的毛病及羨慕對方的生活方式，現在都想變回自己原來的模樣。上帝答應讓他們變回原來的模樣，先決條件是，必須得有一個充足的理由讓上帝認可。此時，夫妻兩人異口同聲的告訴上帝：「上帝！我們知道自己錯了，我們過去不懂得要為他人著想，現在互換角色後真正的體會到對方的辛勞，今後我們懂得要互相體諒寬容了。」

### 業報若為「旺」顯現於「人際關係」之象意

概述：

待人親切，關懷他人，拓展人脈順利，人際關係佳，親君子遠小人，有領導才華活躍於各團體之中，是團體中之靈魂人物。

善於經營人際關係，常保持給人法喜、給人希望、給人方便，主動關懷照顧人（人稱老大姐或老大哥），同事、朋友眼中的好人，值得信賴，有領袖的特質，能掌握群眾帶動氣氛。

1、人緣佳。

2、待人熱忱。

3、得人助。

4、少小人暗箭中傷。

5、口舌是非不多。

6、熱心公益助人。

7、朋友多、助力強。

8、善於領導以德服人。

9、善於處理人事糾紛。

10、深得他人之信賴。

11、具公關特質。

12、易於融入團體。

13、與人相處和諧愉快。
14、主動積極且親切的關懷他人。
15、善於認人及結識新朋友且拓展人際關係的能力佳。
16、有同理心，凡事會站在對方之立場思考。
17、以身教代替言教。
18、男女感情穩定、彼此相愛。
19、男女交往順利、緣深、阻力少，深得雙方父母及親友認同、祝福。
20、男女相處和諧、愉快、融洽，能相互包容、體恤、信任。

## 3. 旺顯現於「事業經營」之意

### 愛你所選

俗話說：「男怕入錯行，女怕嫁錯郎。」因為，在以前的社會，工作轉換不易，男生要是選錯了行業，難以改行；同樣地，從前很少人離婚，所以女生要是嫁錯人，就只能「嫁雞隨雞」，默默承受。當然，現代人不一樣。有人「一年換二十四個老闆」，也有人結婚沒多久，就吵著離婚。不過，無論如何，一個對自己負責的人，應該慎選工作、慎選結婚對象。畢竟，很多時候，「轉換跑道」並不如想像容易……另一方面，現今的社會，也不僅是「男怕入錯行，女怕嫁錯郎」；反過來說：「女怕入錯行，男怕娶錯妻。」也可以。

阿芳是個循規蹈矩的公務員。從小到大，她總是乖乖聽從父母安排，包括：大學讀什麼科系、參加公職考試，到結婚對象，父母的意見決定著阿芳的選擇。這樣的日子並沒有什麼不好，穩定、平順，人生不就是如此？

直到有一天，阿芳參加社區舉辦的媽媽教室，在那裡接觸了插花。阿芳非常有興趣，所以課程結束後，又到社區大學選修插花課程。阿芳愈插愈好，興趣愈來愈濃。後來，她四處「拜師學藝」，研習各個流派的特色。阿芳已是箇中高手，還多次舉辦成果展。

阿芳的人生因為插花而有了新的體會、新的方向，她不只是以前的阿芳，也不只是單純的公務員，而是一個「花道高手」（這是孩子對她的封號，阿芳很喜歡）。

但阿芳並不以此為滿足，她希望可以開一間花店，每天與花為伍。只是這樣的想法，並不獲得老公支持。

阿芳老公說：「當公務員不好嗎？工作好、有保障。要插花在家裡插就好了，妳不也參加社團嗎？這樣的日子不是挺舒適的？妳不要再做白日夢了。」

「現在景氣這麼差，花店開得起來嗎？妳不看看有多少人想考公務員都考不上，妳要珍惜才對……」

「要不，等妳退休後再去開花店好了。」

「萬一花店開不起來，妳又沒了工作，家裡開銷怎麼辦？光靠我一個人負擔會很重，大家就準備過苦日子了。」

不僅阿芳老公反對，連阿芳的父母也加入戰局。慢慢地，大家從溝通到爭執，阿芳得不到任何人的支持。尤其是，父母覺得阿芳「怎麼變得那麼固執不講理？」

其實，阿芳不是變了，她是「醒了」。她終於意識到自己的存在，知道自己要的是什麼！只是她該如何說服家人？如何展現自己的決心？又該如何「築夢踏實」呢？

## 業報若為「旺」顯現於「事業經營」之象意

概述：

善於規劃，積極作為。能奮鬥事業，能與員工心手相連，有共同之理想目標。

經營事業的態度積極正確，用人眼光準確，且真誠以待，事業心強，工作負責認真。

上班者升遷機會多，以能力、才華顯現於職場，有充沛精力，勤奮不懈，有創業及獨當一面之才華，天生主管之格局氣勢，事業有成。

1、事業經營順利、有財利。

2、事業心強、有強烈之企圖心、易成功。

3、從事適合自己命格頻譜、興趣之職業工作。

4、工作愉快展現所長。

5、時運機緣得勢有利。

6、員工向心力強、為公司賣命付出。

7、待員工如家人，有分紅或入股之獎勵。

8、人脈廣、朋友相挺、助力大。

9、同行風評佳、深得信任。

10、小人暗箭及口舌是非之傷害不多。
11、善於規劃、積極任事、勇於負責。
12、於公共場合或團體是位受歡迎之人。
13、財務之規劃運用務實、方向正確、周轉無虞。
14、投資理財眼光精準、獲利機會高。
15、合夥之人彼此互信互助、坦誠以待。
16、左鄰右舍、地方鄉里抗爭中傷或阻礙者少。
17、安全性高、風險少、意外災難之事不多（廠房、機械）。
18、天資稟賦優異、悟性強、讀書成績佳。
19、求學階段勤奮向學，讀書方法及學習態度不錯，深獲師長讚許。
20、考試、求職都能如意，獲錄取之機率高。
21、若參與選舉，當選之機率頗高。
22、求學順利，重考或輟學機率低。

## 4. 旺顯現於「家庭和諧」之意

### 孝心感動天

小君是家裡的老么，上有爸媽及哥哥姐姐的疼愛，自然就比較有主見，也因此在家人的反對之下，還是嫁給了丈夫。結了婚，才真正入了家業，也因此才瞭解住台北的公婆的個性。婆婆是標準的台北人，觀念也較新潮有主見，而公公則是癌症末期的病患，急著想抱孫子，所以才急著要小君嫁進門。

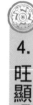

然而死神的召喚仍然躲不過，半年後公公還是辭世，由於對往生法事不瞭解，因此只得任憑葬儀社恣意處理。台北生活步調快，凡事講求時效，因此往生的法事便以簡化的方式處理，出殯後就合爐，小君雖然覺得不合情理，但礙於媳婦立場也不方便說些什麼。其後，因機緣而結識了位於彰化的玄門道場，在恩主的指示下，小君和夫婿將祖牌請回玄門道場暫放。

目前小君與先生結婚一兩年了，小君很想要有個孩子，而恩主也指示說，有了孩子就有機會化解婆媳間對立的情結。小君還希望先生能趁這段房價低迷的時機，趕緊買間房子，將來可以準備生孩子。然而小君的先生不但沒什麼計畫，而且也不贊同，這讓小君很是憂慮。此時小君再度請示恩主，恩主指示：虔誠祭拜祖先，將祖先牌位重整後，祖先會助小君趕快有個可以安奉祖先的好地方。果然在祖牌重整後，正如恩主所示，先生很意外的看中一間房子並且決定買下，而兩人在高興之餘便利用假期外出旅遊，旅遊後的一段時日，小君竟獲「送子觀音」捎來的喜訊。接二連三的喜事，讓小君非常感恩仙佛的神力加被，讓心中的願望都一一實現了。更令小君高興的是，婆婆也改變以往對她的挑剔及不信任，而往常從不拜祖先的先生，現在更是虔誠恭敬的敬拜恩主及祖先，先生工作的順利，家庭氣氛的和諧融洽，讓小君每思及此，心裡都充滿無限的感恩與安慰。

## 業報若為「旺」顯現於「家庭和諧」之象意

概述：

積極而主動的經營家庭，兄弟感情佳。會關懷提攜家人，家庭和諧快樂有情，且相當重視祖德及祖先之源流。

與家人、親友關係良好，會主動與家人、親友聯繫、寒暄、來往、聚餐，會營造快樂和諧的家庭氣氛，親友的婚喪喜慶會主動參與協助並細心打點。

1、家庭和諧融洽。

2、家人互相提攜、關懷勉勵、相處和樂。

3、家人有責任感、願付出不計較、向心力強。

4、重倫理、父慈子孝、兄友弟恭。

5、家族和諧、少有爭祖產之風波。

6、重祖源世系源流。

7、祖先之冤結糾纏較少。

8、家庭擺設及居家環境合宜。

9、祖墳得地氣。

10、居家環境清爽舒適、溫馨有情。

11、有優良的家規、家訓、家風。

12、家人願為共同的理想目標而積極努力。

13、人丁興旺、繁衍興盛。

14、家運旺、氣勢強。

## 5. 旺顯現於「精進修行」之意

### 小人也折服

新聞曾報導，某個海關收賄嚴重，整個單位竟然只有一名新近人員沒有涉案。大家除了對該單位批評一番之外，也對該名未涉案的公務員褒獎有加。是啊！能夠「出淤泥而不染」確實不容易，但我更好奇的是：「當大家都拿錢，只有他不拿，那麼他要如何面對這股龐大的壓力？難道上司不會找他麻煩，同儕不會排擠他？」這件事，讓我想起表姑丈。

表姑丈退休前擔任一家數千人公司的總務，負責公司日用品採購，例如：廁所的衛生紙、垃圾袋、清潔用具等。可別小看這些東西，想想看幾千人的大公司，一個月得消耗多少日用品。因此，就有廠商前來送禮。不過，個性耿直的表姑丈連「禮盒」都沒摸到，就要廠商拿回去，並表明：「向貴公司採購，是因為貴公司價格合理，你不須拿回扣給我。」看著表姑丈嚴肅的神情，廠商沒說什麼就走了。

隔幾天，表姑丈的上司找他「喝茶」。一開口，就搬出古人的話：「從前的人說『取不傷廉』，意思是說只要做好該做的事，不因拿東西而循私舞弊，這樣的取是不傷害廉潔的。」說著，上司便拿出之前廠商的禮盒，往姑丈眼前一擺，說：「你拿去吧！大家好辦事。如果你不拿，你要其他同事怎麼辦？」

原來，表姑丈公司的總務部門人人都有「禮盒」，有的是水電行送的、有些是辦公用品公司送的……總之，合作廠商都會按行規送給各負責人員禮盒。

表姑丈聽上司這麼說，馬上站起來回答：「怎麼辦是你們的事，反正我就是不拿。」說完，頭也不回的走了。

從那天開始，表姑丈的同事都不和他說話，上司也常刁難他。但表姑丈既不接受「禮盒」，也沒有辭職，更沒有向老闆告狀。好像什麼都沒發生，只是做好份內的工作。有時同事故意扯他後腿，但表姑丈總假裝不知道，默默承受。那是一段艱苦的歲月，真不知道表姑丈是如何熬過去？

最後，表姑丈的上司態度軟化，同事也漸漸再度和他說話。

表姑丈退休前，上司及單位同事還為他餞別。上司說：「當年，以為你不拿禮盒是為了對付我們，會向老闆告狀，想不到你什麼都沒說。……那時，大家排擠你，你也不當回事，完全像個沒事人，真服了你。」表姑丈接受老上司、老同事的道歉，但他一樣不多話。

表姑丈是一個沈默厚道的人，他在謹守本分之餘，也能體會實際情況、社會百態，更願意給別人些許空間。難怪，連「一干小人等」也為他折服。

## 業報若為「旺」顯現於「精進修行」之象意

概述：

人生有方向、有目標，能以積極而正面的態度面對一切人、事、物，有正確的價值觀、人生觀及宗教觀。

祖源清淨、修行成就有機緣、能相輔相成精進不懈、不受祖業之糾纏。入修於正信之宗派，能得明師教導且能依師教誨、精進不懈、領悟力強，能得同修互勉提攜，修行因緣深、成就有時，修行之觀念態度得宜，積極追尋生命之真諦，接觸宗教機緣較早。

1、觀念正確、踏實精進。
2、修行機緣深、資質慧根皆佳。
3、入正信且適合自己因緣之教門。
4、同修道侶之助力大，相互勉勵提攜。
5、按部就班、持之以恆。
6、立願成就、不虛妄自欺。
7、追求超生了死、止斷輪迴之法。

8、因業果報、冤結糾纏能積極化解。
9、釐清祖源世系並積極報孝恩。
10、能一門而入，不會有走馬看花的現象。
11、對功名利祿、恩怨情仇、名分歸屬等能以正確態度面對。
12、善於把握當下時緣法沿。
13、行功建德、慈悲助人。
14、自渡渡人。
15、宏揚神佛恩師之精神教義。
16、不易半途而退轉或受人蠱惑而失去道心。

## 第二節 業報顯現若為「相」之意

### 1. 相顯現於「身體健康」之意

#### 讓煩惱隨風飄

有一位擁有萬貫家產的富翁，雖然錦衣玉食過著優渥的生活，然而卻總覺心靈空虛，快樂不起來。心想，是不是得了憂鬱症，於是遍尋名醫，這位名醫聽了富翁的敘述後，告訴他：「我開三帖藥給你，保證藥到病除，神效異常。你只要按順序一天一帖，三天後定然容光煥發，不過此藥比較特殊，一定要在一個寧靜的沙灘上服用。」富翁接過藥帖，心中半信半疑，不過仍然遵照醫生囑咐。

首先，富翁選了一個甚為寧靜的沙灘，取出第一帖藥方，打開一看，只有簡短的幾個字「在沙灘上躺三十分鐘。」乍看之下，富翁覺得被耍了，然而心想：既來之則安之，死馬當活馬醫吧！於是，富翁就勉為其難的躺在沙灘上，剛開始心中還是一直浮現不快樂的事，然而漸漸的，他開始聽到海浪的聲音、看到天空雲彩的變幻，也似乎聞到了海水的味道，此時的他感受到未曾有過的平和安祥，在不知不覺中已過了數小時之久。

隔天，富翁再度來到沙灘，打開第二帖藥方，上面依然短短數字「在沙灘找出三隻擱淺的小魚，然後把牠們放回海裡。」富翁雖不知此舉與治病有何關連，不過他還是照做。每當他將奄奄一息的小魚放回海裡時，小魚皆又生龍活虎般的游向海中，此情此景讓富翁心情愉悅並有說不出的喜樂。

第三天，富翁一早便來到海灘並且迫不及待的打開第三帖藥方，而上面寫著「把你的煩惱全寫在沙灘上。」於是富翁找了小樹枝，在沙灘上寫著許許多多令其煩惱與不快樂的事，當他一連串寫了諸多事後，直起腰桿時，只見一陣大浪打上來，又很快的就退回去了。此時的富翁驚訝的發現，剛剛滿滿的煩惱與不快樂，瞬間化為烏有，彷彿什麼事也沒有發生過，此時的富翁丟下手中的小樹枝，哈哈大笑的說：「原來如此。」

## 業報若為「相」顯現於「身體健康」之象意

概述：

身體有恙時，痊癒時間快。身體安康，不受祖源干擾、遺傳病因甚少，得祖蔭之庇佑。父母或長輩對其身體健康、飲食起居、生活保健等方面之打理照顧是相當用心的。

1、父母對其身體之照顧是無微不至的。

2、父母或長輩對其飲食起居、生活保健等方面之打理照料是相當用心的。

3、稍有病痛父母便會擔心難安，且會立即帶其看醫生。

4、生病時父母或長輩會不眠不休、毫無怨言的關懷照顧。

5、病痛之醫治能得醫護人員之妥善照顧。

6、有病之診療期間能配合醫護人員之診治。

7、身體有恙時，痊癒時間快，不會拖拖拉拉。

8、對於運動、保健、養生或美容方面，只要有助健康，父母會毫不吝嗇的支持配合。

9、若是急症或意外也會有人及時伸出援手。

10、來自父母或祖源之遺傳病機率不高。

## 2. 相顯現於「人際關係」之意

### 用同理心應答，溝通可以更圓融

有兩個小和尚，平常就愛抬槓。有一天，兩人又為了一點小事爭論起來，越說越大聲，最後吵得面紅耳赤，誰也不服誰。第一個小和尚氣沖沖地跑去找師父評理。師父很有耐心地聽完小和尚的訴說，淡淡地說：「你是對的。」有師父這句話，第一個小和尚得意洋洋回房去了。不久，第二個小和尚也氣沖沖地跑去找師父評理。師父也很有耐心聽完他的說明，照樣淡淡地說：「你是對的。」第二個小和尚也高興地回房去。這時，一直在旁服侍的第三個小和尚忍不住開口說：「師父，您平常教導我們待人要誠實，萬萬不可做違心之論，可是，我剛才親耳聽見您跟兩位意見不同、有爭執的師弟都說『你是對的。』恕我冒犯，您這樣說，豈不是一種違心之論嗎？」師父對第三個小和尚的質疑，不但不生氣，反而和顏悅色地說：「你是對的。」第三個小和尚入門較久，也比較有慧根，聽師父這麼說，立刻開悟，連忙跪謝師父的當頭棒喝。

## 業報若為「相」顯現於「人際關係」之象意

概述：

具個人特質，表現深得長輩、長官的欣賞稱許，有長輩緣，有神緣，給人親切感，喜歡與其交往講話。

得祖德之蔭助、人際關係之經營頗為順遂、小人難以得逞、常有貴人、長輩提攜協成。愛惜自己的羽毛，風評及名聲都不錯。

1、一生多貴人相助。

2、能得父母或師長之提攜照顧。

3、與年紀大之長者相處愉快和諧，甚得長輩緣。

4、師長、父母、上司、長輩對其所作所為，皆能以包容成全之心來憐愛他。

5、對於人際關係之經營與拓展，能深得父母或長輩之助力。

6、父母會將其人脈有計畫的轉移給他，並大力協助之。

7、能因父母或家風之蔭助而深獲人心。

8、能積極且用心的關懷與照顧長者，頗有長輩上司之緣分。

9、若有困難，長輩或上司皆會主動出面協助解決處理。

10、能得師長、父母或上司之信賴。

11、注重家風、家訓、家規之傳承。

12、男女雙方經媒妁或親友之介紹而相識之機率頗高。

13、男女彼此之交往熱絡，且有長輩之助力牽成。

## 3. 相顯現於「事業經營」之意

### 從逃避之心到勇往直前

讀醫學院，大家都知道，那是一門專業又艱深的學科，從準備考試到就讀學士後中醫，整整撥注十多年時光，上百萬的資金，為的是要得那塊牌照，完成我和爺爺的夢想。說到爺爺，由於我們家歷代在鹿港開設藥局，所以家裡累積了些家產，也因此爺爺堅信從醫這條路是最穩當的工作，而我從小就對中醫療法、藥草很有興趣，所以念完北醫藥學系，就回台中半工半讀，準備考中醫。經過多年的奮鬥終於考上，開始回歸學生生活，也在大四那年以38歲的年齡娶了小我十歲的老婆。

大考那天終於來臨了，眼見題目簡單，答案卻一大篇，我崩潰了，我想逃離現場，對！逃離吧！就這麼考了兩科，我考不下去，拂手離去，同學們看了很訝異。我不管老婆哀憐的目光，我再也不管大家的期望有多大，嚴厲的父親多生氣，我要做我自己！

考場的失利是必然的，家庭也起了大風波，夫妻倆鬧到快離婚，因為我受不了老婆的期望及親人的企盼。這時仙佛再三提醒，結為夫妻乃是因緣所致，不管善緣或是惡緣，都要善了都要珍惜。調整好自己，重新出發。這回考試不可再像上回信心不足了。我們也四處去求神問卜，求證我是否適合考中醫，雖然答案不盡如意，但我仍不甘願，不放棄。

考期將屆，妻子忙著去道場幫我點七星燈、收驚。雖然不相信，但也無暇理會。倒是放榜時令我訝異，我自認今年未比去年有實力，也未比去年用功，應考只是因為不想讓老婆及父母失望而已。沒想到，今年考試時，心情較穩定且比較不緊張，所以應考時似乎較容易想起答案。此次能金榜題名還真有一點意外。事後聽說老婆於考試前天天向恩主祈願，天天燒香拜佛，祈求我能順利考完試。真是難為她了。這些情形看似很玄很奧妙，我自已也不知道怎麼形容，總之謝謝老天爺的幫忙。

## 業報若為「相」顯現於「事業經營」之象意

概述：

得上司、長官之栽培提拔，深得上司之信任倚重，易得賞識，升職機會高，做事認真負責，有貴人相助，遇困難瓶頸會有人適時伸出援手。

因家族之聲望或家風之蔭助，讓其在事業經營方面蒙受其利。祖德庇佑，事業成就高。考試順利，有光明格，經常有神助之感覺。

1、長輩之提攜有助其事業之拓展。

2、父母對其才華或能力之培養不遺餘力，用心良苦。

3、從小即深得父母或師長之教導與栽培。

4、承繼祖業之機緣頗深。

5、因家族之聲望或家風之蔭助，讓其在事業經營方面蒙受其利。

6、上班易得賞識、升職機會高。

7、同事、長官擁戴備受重用。

8、遇困難時貴人易現相助而度過難關。

9、政商關係佳、利於事業之拓展。

10、政府部門挑剔找麻煩之事少，文書及相關作業流程順利。
11、考運不錯，考試題目常是自己熟讀或較拿手之科目。
12、重考機率不高，即使有也常出現貴人之指導而順利考上。
13、有利於政府機構或公家機關之考試。
14、選舉時會有長輩、貴人或政治前輩相助。
15、通常出生於政治世家或與政治有相當深之淵源。

## 4. 相顯現於「家庭和諧」之意

### 一杯清水一碟辣椒

一個南方姑娘和一個北方大漢成了家，姑娘的口味清淡，大漢無辣不歡，姑娘常去父母家吃飯。一天，姑娘的父親做菜鹹了些，母親一聲不響拿來一杯水，夾了一筷子菜，將菜在清水裡洗一下後再入口。忽然，姑娘從母親細微的動作中學到了什麼。第二天，姑娘在家煮丈夫愛吃的菜。當然，每一個菜都放辣椒。只是她的面前，多了一杯清水。大漢看著她津津有味地吃著清水洗過的菜，眼睛微微的濕潤。之後，大漢也急著做菜，但是菜裡找不到辣椒，只是他的面前多了一碟辣椒蒜蓉，菜在辣椒蒜蓉裡沾一下，每一口他都吃得心滿意足。為了愛，也為自己，他們一個堅守著一碟辣椒蒜蓉，一個堅守著一杯清水。他們更懂得怎麼堅守一份天長地久、細水長流的愛。

### 業報若為「相」顯現於「家庭和諧」之象意

概述：

得長輩父母緣、得寵、與家人關係不錯。有家訓、家風之傳承，重薪火相傳，講究祭祖儀節，積善之家必有餘慶，父慈子孝、兄友弟恭、重倫理綱常、家庭規範，相處融洽有度。

常抱持「能成為家人、親友皆是累世緣分，應珍惜」之心態，與家人相處愉快、沒有負擔，家人會主動關懷照顧他，尤其是父母、兄長。

1、從小即生長在溫馨愉快之家庭。
2、家中長輩、父母特別喜愛及照顧他。
3、家訓、家規、家風皆能代代相傳。
4、家族之聲望風評不錯，甚得鄰里之稱許與好評。
5、祖德蔭助。
6、祖怨祖業之影響阻力少。
7、家族緜延繁盛人丁興旺。
8、家人相處融洽，會彼此提攜關懷。
9、居家環境適宜，寧靜而平和。
10、家中佈置擺設潔淨素雅。
11、父母、長輩之言行舉止，深深影響子女晚輩。
12、子孫懂得飲水思源、慎終追遠、敬拜祖先。

## 5. 相顯現於「精進修行」之意

### 啟點光明救急一切

我在大學畢業的時候，就已經皈依多處的道場，可能是因緣所致，我就是喜歡道苑那種莊嚴肅穆的氣氛，常覺得假若有一天，我能看破紅塵，就一定會來這兒。那時很多朋友都介紹我去一些道場共修、皈依、聽師父開示，而我也都不排斥的參加了多次，但總覺得好像缺了什麼，直到有位林師姐帶領我到彰化的玄門法門道場，認識了恩主及老師，心中才覺得踏實與安住，就這樣我成為恩主的門徒，入門學修。

這些年來，我由懷疑、不相信，到虔誠信服，在在都是恩主的慈悲、法力、智慧之顯現，讓我佩服得五體投地。恩主曾多次解救我的危難及困境，甚至連我的家人都受到庇佑。就拿父親的例子來說，父親在五十九歲那年，我就在道場安奉太歲並點光明燈。恩主指示年中行車要特別注意。這檔事，在流年剛批給我的時候，特別提醒父親，但日子久了也就忘了。直到父親節祈福點燈的法沿，我想幫父親點盞祈福燈來報恩。沒想到，一週後我回娘家，才聽父母親提及出車禍的事。事情是這樣的：有一天傍晚，如同往常，父親騎著那台老野狼機車從電信局回家，經過光復橋，正要抵達橋頭時，忽然，眼前出現一個大窟窿，當機車撞上窟窿後，父親的手卻不聽使喚地猛加油門往前衝撞，霎時腦中一片空白，不知怎的，此時父親突然靈光一現，出現一個念頭「呼請恩主」，當父親由慌亂恐懼中驚醒時，機車已安然而平穩的行駛著，更不可思議是父親竟然毫髮未傷。此事故雖然讓父親嚇出了一身冷汗，甚至回到家時還直打哆嗦、驚魂未定，但總算在恩主的庇佑下化險為夷。

聽完父親的敘述，算算日子，竟然是我幫父親點燈的隔天。那時仙佛還在鸞台聖示，要門下生為父親點燈祈福。啊！原來恩主仙佛就像我們的父母親一般，時時怕我們受到傷害，時時在保護著我們。父親此次事件能逢凶化吉安然度過，真要感激恩主仙佛的庇佑。

## 業報若為「相」顯現於「精進修行」之象意

概述：

祖德有蔭，易入修行之門。深得主持或資深師長之提攜教導，幼年即展現修行之特質，覺知靈性較高，修行機緣深且自然，在修行之家長大（耳濡目染），精進不懈。甚得師緣傾囊相授，入修於較古老之教門，依師之言踏實而行，悟性資質中上之材。

1、祖源之佑助，有利於修行之機緣與成就之機。
2、自幼父母或長輩即能教導其正確之人生觀、生命觀及宗教觀。
3、修行路上有貴人之指引與提攜。
4、易得明師栽培、賞識、教誨及傾囊相授。
5、受父母、長輩之潛移默化而入修機緣佳。
6、幼年對宗教信仰、拜神禮佛、宮廟慶典活動儀式，充滿好奇興趣。
7、生長於有宗教信仰的家庭。
8、與有形或無形恩師之緣分頗深。
9、積極追求生命之本質與真義。
10、面對人生的態度是正向而積極的。
11、珍惜生命、善用光陰，不因循蹉跎。
12、珍惜「生而為人」之難得因緣。

# 第三節 業報顯現若為「囚」之意

## 1. 囚顯現於「身體健康」之意

### 精神病的良方

從小乖巧的小明，學業總是名列前茅，上了大學之後，小明開始喜歡談論「神佛鬼怪」，也常到處拜拜。起初小明的父母不以為意，心想，可能是靈異節目風行，所以小明也跟著趕流行吧！可是沒多久，小明開始失眠，臉色也愈來愈難看，常常無緣無故亂發脾氣，一改以往對父母柔順的態度。這時小明的媽媽就拿小明的衣服去「收驚」，收驚的人告訴小明的媽媽說是小明「沖犯到女鬼」，只要「改一改」就沒事了。

收驚後，小明的脾氣果然好多了，但話卻變得比較少，沒多久，小明開始說有人要害他，尤其是有「無形」的東西一直壓迫他，讓他晚上無法睡覺，甚至時常弄得他頭痛、胃痛……。小明的父母遇到兒子發生這種情況也不知如何是好，心想可能是課業壓力太大，所以導致小明心神不寧。於是在徵得小明同意後，小明的父母為其辦理休學，讓他在家休養。

可是休學後的小明並沒有好轉，反而變本加厲，說是有「無形」的要害他、逼他去為非作歹……一切的一切，讓小明的父母焦急萬分也傷透了心，雖然不願承認，但他們都知道，其實自己的寶貝兒子可能罹患「精神病」了。但就如同一般人，小明的父母怎能接受自己的兒子「頭腦有問題」呢？於是小明的父母開始把希望轉向神明，到處求神問卜。有人說是外陰沖犯、有人說是祖先有問題、也有人說是祖墳……不論什麼問題，只要能治好小明，小明的父母都會去做。但不幸的是情況都沒有好轉，唯一不變的就是一次又一次的失望，而且也為此花了不少的錢。萬般無奈之下，小明的父母終於決定要把小明送醫治療。

就在此時，剛好碰到小明父母的朋友來拜訪，在得知情形後，就鼓勵他到彰化的「玄門法門」道場請示看看，也許有機會調整改善，小明的父母心想：「就算被騙也是最後一次了！」抱著最後一線希望，小明的父母帶著小明來到玄門真宗的道場。

從仙佛的指示當中，知道這是一個典型「外陰沖犯」的例子。也就是說，小明因為外陰沖犯導致心神紊亂，干擾到正常思考。例如：覺得有人要害他或強迫他做某些事，分不清現實與幻想，而這就是一般人所謂的「精神病」了。但好在小明這時還能自主，還不會聽從外陰的指示去做一些料想不到的事情，因此比較容易解決。解決之道須同步進行下列二事：

**一、解冤釋結：**

一般而言，會造成「外陰沖犯」的原因，除了累世業欠（即前世有冤有債，這輩子來索討）外，就是今生冤結或無常（所謂無常，即這輩子不小心遇到），致使纏牽不清。因此不論是什麼原因造成小明沖犯到外陰，重要的是以虔誠及懺悔的心，來化解小明與外陰的業結，請外陰離開小明。而這就是要透過「設案」，來為小明辦理與外陰的「解冤釋結」。

**二、心理輔導：**

透過心理輔導提升小明的正念，使小明回歸人的中正本位。人的本位先立穩，不要再談鬼神，要以正氣來處世。同時也要小明的家人對小明多關懷、多包容，若家人覺得能力不足，則要請心理專家重新建構小明的自信心。

後來，小明的父母以虔誠的心為小明辦理「解冤釋結」法事，雖然礙於面子沒有帶小明去看心理醫生，但卻能對小明更加關懷與包容，不但將正確的宗教觀念教導小明，而且告知小明只要心存正氣何懼外靈之干擾。

在家人細心的照顧與關懷下，小明的情況開始好轉，而且也逐漸回復往日的笑容，現正計畫復學的事情。

## 業報若為「因」顯現於「身體健康」之象意

概述：

總認為身體健康掌握在自己手中，對於養生、保健、運動、生病就醫或平日之飲食、生活作息自有一套理論，此種人不太能接受他人之建議，即使是小病不斷也不願意嘗試去做改變。

以自己的認知觀念去看待祖源之問題，亦即心中持懷疑之態度，因此，對祭拜或超渡祖先是不想也不願意去做的，即使身有隱疾亦不相信是受祖源之影響，而願意著手改善。

對於習性、業力、累世之業緣，會影響身體健康，或是先天疾病是因累世之業報果受等說法，基本上是難以接受的，因其心中自有一套自以為是之論點，所以即使目前受其所困，仍然任性執偏的選擇不相信。

1、意外血光因自己而引起，會有損傷但會得救。

2、食物中毒或誤吃藥物送醫及時。

3、因病而損財之現象。

4、身體雖有病痛但仍有痊癒之機。

5、不愛惜自己的身體，常有蹧蹋身體之現象。

6、有病不喜歡看醫生或吃藥。

7、對醫護人員之治療方式常有意見。

8、對養生保健之看法常堅持自己心中的那套標準。

9、對身體之病痛常因疏忽大意而導致嚴重後果。

10、作息時間生活方式常因自以為是而造成傷害。

11、生病吃藥或醫療時，常以自己的認知或方式為之。

12、忽略或不知隨天氣的冷熱而增減衣服。

13、對於運動或美容常因「自以為是」而造成傷害或留下後遺症。

14、心存「我還年輕」或「我就是有本錢」的心態，因此常不聽人勸或聽不進去「身體之保健宜從年輕開始」之話語。

## 2. 因顯現於「人際關係」之意

### 人身難得今已得—珍惜人身

古德云：「人身難得今已得，佛法難聞今已聞；此身不向今生渡，更向何生渡此身。」有云：「得人身如爪上泥，失人身如大地土」，佛經對人身難得曾譬喻：想要得到人身，就好像一隻盲龜在大海中浮沉，要抓到一根救命的棍子已經很難了，何況是要找到一根有孔的木棍，足以讓海龜伸出頭來更是難上加難。因此，擁有人身的我們應更加珍惜，及時修行積善，不要白白蹧蹋此難得之身。「隨緣任業許多年，枉作老牛為耕田；打疊身心早歸去，免教鼻孔受人穿。」以下這則事例足以說明修行積善之重要與及時。所謂：「莫待老來方學道，孤魂多是少年郎。」又謂：「莫戀他鄉忘故鄉，快些警覺備資糧；若待閻老傳書信，再想修行已不遑。」

台中有一位李生，生於非常有錢的家庭，由於家境富裕，從小不但豐衣足食，而且有傭人專程照料其生活起居，打理日常一切事務，而李生也因家境好又得父母寵愛，因此從小便養成驕縱跋扈、傲慢不恭的玩世態度，稍有不如意則大聲斥責，毫不留給他人顏面。等到長大成人，順理成章的繼承家中事業，繼續管理父母的產業，由於原有的祖業就非常龐大，再加上李生以錢賺錢的方式，又迅速了累積億萬的財富，因此，平日穿著也極盡奢華之能事，與人相處更是因財大氣粗而從不以正眼看人，其口頭禪：只有我看人無，沒有人敢看輕我！因此，雖然縱橫商場十數年，但真誠與他往來的客戶可說是寥寥無幾，商場上也似乎沒有知心往來的朋友。

有一天，在偶然的機緣認識一位修行的師父，師父曾勉言：多行善功莫矜誇！然而李生卻當場回嗆：我就是有又如何！孰料事隔不久，李生就因喝醉酒開車而撞死在大里橋畔，由於生前的傲慢不恭以及不可一世的口業，雖然人已死但其魂卻因受業報而無法返家，此段期間李家人也曾經請法師到橋畔引魂，但仍無功而返，因此李生之魂便在橋畔附近流連徘徊，其間受盡了風雷雨作的苦痛與折磨，哀嚎於天地之間，期盼有人能伸出援手救救他脫離痛苦的深淵！在苦難無助中，想起自己活著時，一生所累積的財富，此時竟然毫無用處，對其脫離苦痛也沒有任何助益。生前發下的豪語甚至回嗆師父的勸誡，卻如雷貫耳般的一一顯現，真是悔恨自己的無知，雖然受報於橋畔三年餘後由城隍尊神的引渡出離，然而此去卻茫茫然，因生前所作所為而應受的業報卻還沒開始呢！

## 業報若為「因」顯現於「人際關係」之象意

概述：

人際關係之經營不佳，與人相處總喜歡以自己的意見為主，因此在團體中不是我行我素就是喜歡獨來獨往，很難融於團體之中，所以知心朋友不多。

一言一語、一舉一動總跳脫不出昔日之慣性，常有損人之動作、話語而不自知，始終相信自己的待人處事觀是正確最佳的，因此，在「傷人心、逆人意、斷人路」後，仍堅持錯是在別人，與自己不相干。

說話不得體常得罪人、口舌是非多、人皆敬而遠之，凡此一切都是自己的言行所造成的，但他仍不相信業結與累世是有其關連性的，因此冤結之顯現不知及時化解。

1、嘮叨、囉嗦、愛訓人。

2、強勢、霸道、不講理。

3、講話口氣欠佳、讓人不舒服。

4、不好相處，朋友眼中的頭痛份子。

5、交際手腕粗暴令人生厭。

6、不喜歡與人往來。

7、朋友敢怒不敢言。
8、抱怨不滿頗多。
9、凡事以自己之立場為優先考量。
10、講話總喜歡咄咄逼人，不給人留情面。
11、說話不得體，分不清場合。
12、喜歡諷刺、嘲笑、揶揄他人，對人說話常是負面而消極的。
13、不知「說好話」，多鼓勵人或給人希望。
14、男女之感情出現危機、誤解、爭吵、裂痕等現象。
15、男女之分手究其根源乃因「自己」的言行舉止對待態度所造成。

## 3. 因顯現於「事業經營」之意

### 歹路不可行

「世上沒有白吃的午餐」，想要有所收穫，就得付出。如果只想不勞而獲，甚至為此鋌而走險、作奸犯科，不僅有違做人本分，最終還得面對法律制裁。

小沈高中一畢業就出社會工作，但他的工作態度不佳，時常遲到早退，也經常曠職，因此多次被解雇。算一算，小沈的工作年資尚未滿三年，卻已換了十幾個工作。對此，小沈不知檢討，反而把所有問題都推到別人身上。他認為：自己命不好，沒有「富爸爸」；社會不公平，自己辛苦付出，卻只能賺小錢；老闆沒肚量，不懂體恤員工；工作勞累，所以早上爬不起來……反正，千錯萬錯都是別人的錯，如果自己有錯，那也一定是別人害自己犯錯。小沈怪天、怪地、怪別人，就是不知反省自己。弄到後來，小沈無心再找工作，整天鬼混、閒晃，卻妄想：「哪天交好運，就可以一步登天。」

原本，小沈的積蓄並不多，現在沒了工作，身上的錢很快就花光。不得已，小沈只好向父母要錢。小沈父母看他整天不務正業、不找工作，只會睡覺、打電腦，氣得大罵：「你就只會伸手要錢，也不想想都已成年了，還向父母伸手。要錢，自己賺。你不會不好意思，我們都替你難為情。」小沈覺得倒楣，錢沒要到不打緊，還被數落一頓。於是便生氣的騎機車出門，兜風去了。小沈邊騎車，肚子邊叫，想想：「都一整天沒吃東西了，買個什麼來吃好呢？可是口袋沒錢，怎麼辦？」

有謂「惡向膽邊生」，小沈則是「餓向膽邊生」。為了填飽肚子，他竟然騎車搶奪路人的皮包，路人當然追不上，小沈輕而易舉得手。但小沈還是很緊張，差點喘不過氣來。

拿著搶來的錢，小沈填飽肚子，還買了一支手機。這是小沈第一次搶劫，緊張、害怕，卻發現：「這種錢，來得很容易！」

食髓知味的小沈，從此只要缺錢就騎車搶劫。他想著：「還有什麼比這沒本生意好做呢？」最後，小沈犯下的搶案，竟多到連自己都記不清。

「夜路走多了總會遇到鬼」。小沈失風被補，鋃鐺入獄。

看著前來面會的父母，小沈羞愧得頭抬不起來，悔恨交加。只是再多的悔恨，也無法抹去小沈的犯行。傷心的小沈父母只能勸誡他：「歹路不可行！希望你出獄之後，可以痛改前非，重新做人。」

## 業報若為「囚」顯現於「事業經營」之象意

概述：

對所從事之工作，總是不滿或不屑鄙視之，無法用心於工作上，經營事業雖辛苦費神，但仍有財利可得。

常感嘆時不我予、怨天尤人，事業、工作勞心費力，上班雖令其心煩，但仍會努力去做。自認與讀書、考試無緣，因此常自暴自棄或放棄升學之機會。

對於事業之經營或工作之選擇常有挫折感，但他不願去思考祖源之問題是否有影響，因此在自以為是的認知下，常面臨困境甚至有辱祖先之聲名。

1、為事業勞心費神。
2、事業雖不順但仍有財利。
3、發展事業不擇手段不惜得罪人
4、強勢壓人或逼迫人合作（大吃小）。
5、與同事相處關係不甚融洽，喜歡管人或訓人。
6、倚老賣老常堅持自己的意見。
7、喜歡獨來獨往，不喜歡參加團體性之活動或聚會。

8、常因錯失良機而懊惱後悔。
9、常感嘆時不我予、怨天尤人。
10、看不慣同事處理事情的方式。
11、對老闆或上司常有牢騷或不滿之言語。
12、常因自以為是，導致判斷錯誤而喪失良機。
13、考試常因粗心大意而名落孫山。
14、參與選舉會因錯估形勢或自己之風評而失利。
15、升遷之競爭中會因自身之行事風格而得不到賞識或提攜。
16、在職場之競逐中會因跟錯人而慘遭打壓或調職。

## 4. 因顯現於「家庭和諧」之意

### 事難圓，人難和

俗話說：「結婚不是兩個人的事，而是兩家人的事。」誰說不是呢？原本獨立的兩個家庭，因為結婚而緊密在一起，從此之後，你的家人就是我的家人，我的家人也是你的家人。當然啦！理想狀態是愛護我們的人變多了，但更多的情形則是：可以衝突的人、事、物增加了。尤其，若住在同一屋簷下，那麼要能和諧相處，困難度將更高。人與人要能合得來、處得好，本就不易。何況是住一起，磨擦自然更多。因此，不僅夫妻要學習相處之道，共同住在屋簷下的人，也要學習互相包容、互相體會。

以往結婚，大多是女方嫁到夫家之後，便與夫家的人住在一起，共同生活。現代不一樣了，「住」的方式，因為工作或環境等因素，而有多種形態。有些是小倆口自己住；也有是男方住到女方家；或夫妻平常沒住一起，只能當個「假日夫妻」……但無論有沒有住一起，或誰住到誰家，仍然會面對與「新家人」相處的問題。而自古以來，直到今天，包括小說、故事、電視劇，著墨最多的就是婆媳問題了，似乎這已成為千百年來最難解的習題之一。

兒子嘆了口氣：「怎麼廚房又傳來爭吵的聲音，難道真的是『一個廚房容不下兩個女人』嗎？」老爸苦笑著回答：「應該是『一山容不下二虎』吧！」

婆婆與媳婦經常為了「廚房大小事」發生爭吵，包括：菜如何炒、調味料放的順序，到該鹹一點、淡一點……都可以吵。婆婆老是批評媳婦：「菜哪有人這樣煮，這種煮法哪會好吃。」剛開始媳婦還會忍下來，最後忍不住就反擊：「我媽就是這樣煮的，我就覺得好吃。」兩人從抬槓、爭執，最後難聽的話也出來了。媳婦：「菜是我在煮，妳就不要太囉嗦，要不然換妳煮好了。」婆婆不甘示弱的回答：「妳這什麼態度？天下哪有婆婆煮給媳婦吃的。妳不怕被街頭巷尾議論，我還想替妳留點面子。」

兩人從廚房問題吵到生活細節，再到觀念問題。一個是傳統的老人家，總想給媳婦下指導棋，又不想動手幫忙；一個是年方25的新人類，受不了婆婆的嘮叨與保守。兩人差異如此大，若不懂互相忍讓、包容，哪能不爭吵呢？

媳婦受不了婆婆，一天到晚想搬出去。但礙於錢不夠，付不起購屋頭期款，所以只好暫時委屈，繼續住在夫家。

婆婆雖然和媳婦水火不容，很想叫他們搬出去。但想到自己就這麼個兒子，不住一起，豈不是惹人閒話？所以只好繼續忍耐。

## 業報若為「因」顯現於「家庭和諧」之象意

概述：

受家風、祖源之無形影響，對家人喜歡呼來喚去或說教，對待家人乃言教重於身教，只准家人聽他的意見，而他卻很難採納家人之建言。家人敢怒不敢言、氣氛不和諧，祖業糾纏或祖靈不安。

與家人之相處模式，或交談講話之方式與態度，完全依照自己的原則行之，不理會家人是否能接受，其家庭觀也依自己既有之框架處之。

對家人嘮叨、好管事、喜說教，雖出自善意或關心，但因方法不得體，導致家人難以接受甚至產生反感。

1、以高姿態或粗暴的語氣態度對待家人，令家人反感。

2、不講理、強壓惹人厭。

3、家人敬而遠之。

4、常因「他」的因素，造成家庭氣氛不佳、僵持不下、不歡而散、爭鬧口角。

5、對家庭沒有責任感或向心力。

6、在外不願提及家人。

7、對家人總是牢騷不滿或看不慣。

8、很難接納家人的意見或建言。

9、不喜歡待在家裡。

10、房間之擺設或物品之存放總有不順眼之感覺。

11、對家族聚會或活動常藉故不參加。

## 5. 因顯現於「精進修行」之意

### 變調人生

大多數人遇到困難的第一個反應，通常是想要逃避。這並沒有什麼不對，因為碰上危險想要逃是求生存的本能。只是，在第一個反應之後就必須冷靜下來，看看問題該如何解決？若一味想要逃避，不願面對，那麼久而久之成為性格的一部分，將產生更大的危機。

大林身高一百七十公分，體重卻直逼一百公斤。因為，只要心情不好，大林就想吃東西。透過吃，低落的情緒才得以緩解，這種現象是從大林父親過世才開始的。大林父親過世時，大林才十歲。面對喪親之痛，大林無法表達，也不知如何處理，但他很快就發現「吃」可以緩解內心的痛苦、憂傷。從那個時候開始，大林變得很會吃，也很愛吃。尤其，每當遇到挫折或壓力，更是變本加厲，體重也因而超重。

看著鏡子裡臃腫的身材，大林更是憂鬱，所以他吃得更多，以排解內心的挫折與煩惱。如此惡性循環！

「聽說安非他命可以減肥耶？」大林的朋友如是說。

為了減肥，大林開始吸食安非他命。安非他命不僅讓大林體重減輕，也讓他得到從未有過的解脫。大林愈來愈離不開安非他命、愈來愈依賴安非他命，安非他命已成為大林的避風港。

大林母親終於發現了……大林在母親堅持下到勒戒中心戒毒，可是才出勒戒中心沒多久，大林又吸毒。為了買安非他命，大林偷母親的錢；家裡能變賣的東西，都被他偷偷拿去賣掉換毒品。大林的生活愈糟糕就愈想逃避，於是安非他命就吸得愈多。看著自己走樣的人生，大林很想改過自新。於是，他主動要求再去勒戒中心。但是，如同前次，大林很快又回去吸毒，過著沉淪的日子。

大林掙扎著，為了戒毒，他請母親將自己反鎖在房間，可是毒癮一發作，竟然將整個門撞壞，衝出去買毒品。大林努力著，為了戒毒，他參加各種治療團體、支持團體、宗教團體，但最後還是躲回毒品這個夢幻城堡。大林墮落著，為了買毒犯法，入獄服刑。

無論是法律的制裁，親情的呼喚，宗教的慰藉、內心的求生本能……最後，都抵不過毒品的召喚。

大林的變調人生何時才能回歸正途？他已不敢想，也不願面對。

為了逃避，大林又吸了一口……

## 業報若為「因」顯現於「精進修行」之象意

概述：

即使入修，對祖源之釐清、祖先之超渡、祖業之化解，總以自己觀點為思考之方向，不易接納不同之意見，對宗教之信仰亦是如此。

長期受累世業緣之影響束縛，在不知不覺中自斷修行之機緣，或因執偏而難深入宗教或修行。

不甚相信鬼神宗教或因業果報，基本上是持懷疑之態度，即使接觸了宗教或修行，仍以自己的思維觀念為依憑，很難相信別人之修行或宗教觀。

1、態度傲慢、瞧不起同修。

2、不遵守教規儀軌。

3、與同修道侶處不來。

4、常出言不遜。

5、積習難改。

6、自以為是、不聽人勸。

7、有宗教詐財之疑（騙色）。

8、以宗教或修行為幌子牟取私利。
9、不願意真實修行腳踏實地。
10、常以自己的方式或認知評論修行之人或事。
11、對人生抱持著「只要我喜歡，有什麼不可以」的態度。
12、以自己之想法及方式生活，不太理會他人之眼光。
13、有憤世嫉俗之情節，對諸多事物常看不慣。
14、不為世俗道統或民間習俗所約束，常有不同之見解。

## 第四節 業報顯現若為「休」之意

### 1. 休顯現於「身體健康」之意

#### 珍愛自己吧！女孩

或許，在放縱的背後，隱藏著不為人知的痛苦。但無論痛苦的原因是什麼，都不應該用更大的傷害來對待自己。這樣不僅於事無補，反而會讓自己陷入更痛苦的深淵。

時間大概發生在民國八十年左右，那時我讀大學，生活沒什麼起伏，整天不是上課，就是跑社團，過得極愜意。一天，學校突然出現一名陌生女孩，沒有人知道女孩的來歷，但是她卻很快地成為學校「名人」。

女孩通常出現在學校的圖書館、餐廳或活動場所。一般來講，她總是面無表情。只是當「目標」—男同學—出現的時候，她臉部的線條馬上就變了。不是變柔和，而是變成挑逗性的誇張動作。想當然耳，每位被她看中的男同學，都會嚇得逃之夭夭，外加一臉驚慌表情。

大家對這位女孩的舉動非常訝異，不解她為什麼要主動投懷送抱？是真的那麼想「男人」嗎？或者是從事特種行業呢？可能是校風純樸吧！當時倒沒聽說有人和女孩發生關係。不過，如果女孩調情的對象是外面的人呢？還會這麼安全嗎？女孩可以「全身而退」嗎？沒有人知道女孩為何如此？也不敢想像女孩的遭遇。

有一天，上通識課程的老師提起這名女孩。讓原本昏昏欲睡的同學，馬上精神百倍。原來，女孩是高職畢業生，由於成績優異，所以取得參加保送大學的甄試資格。這在民國七、八〇年代，非常難得。當時大學錄取率，以社會組來說，不到四成。如果是插班大學，或保送甄試，錄取率就更低了。因此可以想見，女孩在高職的成績一定名列前茅。當然，女孩的期望及壓力也一定很大。

不幸的，女孩沒有通過保送甄試，因此無法念大學。從那時開始，女孩個性大變，成了大家眼中的「花癡」，到處勾搭男人。我們學校只是其中一站（應該也是最後一站了），其餘不再贅述。

為了避免女孩受到傷害，校方主動和女孩的父親聯絡，並協助將女孩送醫治療……女孩不曾再出現。

事隔二十年，現在已經沒有人因為沒大學念而煩惱了。只是現代的煩惱與壓力，較以往卻更大。

人生會遇到什麼挫折，並非自己所能掌控。但不管面對何種困境，我們都應該珍惜自己，面對現實，迎接挑戰。不是嗎？

## 業報若為「休」顯現於「身體健康」之象意

概述：

生活作息失常、營養觀念薄弱、抵抗力差。受祖源干擾，如洩氣皮球，常覺全身乏力提不起勁，心神恐慌難有安住之時日。

原有之習性改宜調整常感有氣無力、力不從心，而對於運動、正常作息、保健養生之想法與做法，也都是先熱後冷的態度。

1、對於運動只有三分鐘之熱度，沒有持恆力。

2、對養生保健等之知識積極涉獵，但總懶得身體力行。

3、對於身體健康之觀念、態度、理論，總是說多卻做少。

4、凡有助於身體健康之器材或醫療用品，不吝投資購買，但最終總是閒置而任其荒廢。

5、有病痛會積極去看醫生，但對於醫生所開的藥常束之高閣。

6、常因病痛而有損財之現象。

7、易信偏方、祕方而造成傷害。

8、易被庸醫或郎中騙財騙色。

9、飲食無度、隨性而為、營養不均。

2. 休顯現於「人際關係」之意

## 富翁的屋簷

有位善心的富翁，蓋了一棟大房子，他特別要求營造的師傅，把那四周的屋簷長度加倍，以使窮苦無家的人，能在其屋簷下暫時躲避風雪。房子建成了，果然有許多窮人聚集在屋簷下，他們甚至擺起攤子做買賣，並生火煮東西。嘈雜的人聲與油煙，使富翁不堪其擾，不悅的家人也常與寄在簷下者爭吵。冬天，有個老人在簷下凍死了，大家交口罵富翁的不仁。夏天，一場颶風，別人的房子都沒事，富翁的房子因為房簷特別的長，居然被掀了頂，村人都說是惡有惡報。重修屋頂時，這次富翁只要求建小小的房簷，富翁把省下的錢捐給慈善機構，並另外蓋了一間小房子。這房子所能庇蔭的範圍遠比以前的房簷小，但四面有牆，是棟正式的房子。許多無家可歸的人，也都在其中獲得暫時的庇護，並在臨走前，問這棟房子是哪位善人捐蓋的。沒有幾年，富翁成了最受歡迎的人。即使在他死後，人們還繼續受他的恩澤而紀念他。

## 業報若為「休」顯現於「人際關係」之象意

概述：

在人際關係之經營方面常力不從心，受小人之暗傷而損其聲望、壞其人緣，生活圈不大。有晚輩緣，會照顧晚輩，但雖竭力付出但卻難有回報之時。人緣平和、說話不知節制、察言觀色能力不足。想要修正過往之待人處事方式及態度，但總在遺憾懊惱中度過（說說而已）。

1、與人交往或相處常是三分鐘之熱度。
2、交朋友難以持久，經常換朋友。
3、對於晚輩或年紀小者常照顧關懷。
4、會關懷弱勢或處境不佳的人。
5、易遭朋友之騙而損財。
6、待人處事常有無力無奈之感嘆。
7、為朋友付出心力但難有回報。
8、對待同事雖熱心，但會因同事回應不佳而心灰意冷。
9、一味的付出，導致人財兩失。

## 3. 休顯現於「事業經營」之意

### 白費工夫

從事建築多年的張老闆信用好，客源廣。這也難怪，張老闆不僅講信用、顧品質，而且做人厚道，極重義氣。如果遇到周轉不過來時，只要跟張老闆打聲招呼，票期多延個兩、三個月是沒有問題的。因此，大家都喜歡和張老闆做生意，也常介紹客戶給他。所以，雖然景氣不好，張老闆仍然生意興隆。

大家都羨慕張老闆，當然他是實至名歸的，在同行中，誰不推崇張老闆？理所當然，大家覺得他一定賺很多錢。可是，令人想不到的是，現在竟然傳出張老闆發生財務危機。大家議論紛紛，怎麼可能？張老闆生意這麼好，怎麼會缺錢缺成這樣？如果連張老闆都缺錢，還有誰能賺錢？其實，這事張老闆最清楚。

表面看起來張老闆的生意很好，但實際上這些客戶當中，有很多營運困難、經營不善的。因此，連帶開給張老闆的票期，也跟著延長，造成張老闆成本增加、負擔變重。甚至有些本來可以賺錢，卻因為工程款太慢進來，變成虧本；更有甚者，有些客戶直接倒帳，雙手一攤「就是沒錢可付」。試想，現在景氣不佳，利潤有限，哪經得起這邊拖欠、那邊倒帳。因此，外表風光的張老闆，實際上一直都面臨財務吃緊的狀況。現在，又因為一位配合多年的客戶倒閉，積欠張老闆龐大的工程款，已超過張老闆所能承擔。因此，張老闆的財務危機，才會雪上加霜，並且無法隱瞞地爆發開來。

張老闆不斷嘆息，想到自己經營多年的公司面臨解散危機，想著為什麼自己待人誠懇，卻常被倒帳？張老闆更加鬱悶。

張老闆苦笑著：「難道辛苦了那麼多年，到頭來只是白費工夫、只是一場空？」

翻著帳本，張老闆看著多年來的呆帳，竟然有好幾千萬。其中，不乏配合多年的老客戶、相識多年的好友、老同學、親戚……這些人現在過得都很辛苦，所謂「十年河東，十年河西」，當年風光的人，現在多已落敗，哪還收得到錢？

張老闆擔心：「怎麼辦呢？難道自己終會和他們一樣，落個兩手空空的下場？」

## 業報若為「休」顯現於「事業經營」之象意

概述：

經營事業先成後敗。上班升職呼聲高，但卻一再落馬，叫好不叫座。對事業之態度或職業之選擇總是先熱後冷。

全心投入工作但回報卻差強人意。全力盡心經營事業但成果總不如預期。善待員工但員工之回應不甚熱烈。對工作之熱度隨時間而降低，表面風光但底子已空。對新進員工或資淺者不吝指導協成。常常感嘆心有餘而力不足，內心之無奈及無力感難以形容。容易灰心，做事也常有頭無尾或不了了之。

1、知心或能談心之朋友、同事不多。

2、對待同事之態度常先熱絡後冷淡。

3、不利與人合夥或股東之事業。

4、投資事業常有損財之現象，甚至是有去無回。

5、對於投資理財的資訊興趣濃厚，但總是缺乏執行力。

6、雖想盡心盡力於工作之表現，但總難維持長久之時間。

7、對工作或事業之經營，總是眼高手低、說多做少。

8、工作不穩定、常換工作。
9、工作態度常先熱後冷、有頭無尾或半途而終。
10、好高騖遠、理想遠大，但無實現力、無行動之衝勁。
11、常存投機僥倖之心，一窩蜂跟人後面跑、導致人財兩空。
12、收支不平衡。
13、對於知識之追求雖有心，但總有無力、無奈之感。
14、讀書學習之態度由熱烈而變為厭煩。
15、對學弟妹或年幼者會不吝付出。
16、對於課業或成績會有每況愈下、越來越差之現象。
17、個人之氣勢或運勢有走下坡之現象。
18、考運不甚理想，先前一致看好，但結果總是跌破眾人眼鏡。

## 4. 休顯現於「家庭和諧」之意

### 悔之晚矣！徒增傷悲

有一李姓人家，三代以來都世居於台中，家中次女名為梅香，從小備受父母之寵愛，因此養成了叛逆的性格，待人霸道、處事也極為幼稚，對父母的教導，不是愛理不理就是當面回嘴頂撞，然而父母卻覺得沒有什麼關係，溺愛到了極點。此女於二十一歲時奉兒女之命嫁給一位生意人，而值得父母慶幸的是，此女之丈夫溫順有禮，待人和氣善良，工作認真努力，是很有事業心的一位年輕人，因此父母對於這位女婿稱許再三，甚為放心的將女兒交給他。結婚前幾年，夫唱婦隨甚是恩愛甜蜜，即使已經有了兒女，夫妻的恩愛程度仍不減當年新婚之時，此種恩愛甜蜜之情景，不知羨煞了多少人。結婚七年多，大兒子已經上小學了，先生則因事業的擴展而更加忙碌，每天早出晚歸，日日以工作為念，幾乎將所有的心思都用於事業上，也因為如此，所以每天回到家裡，不是臉色難看就是累垮在沙發上而不想言語，以前只要一回家就會陪著孩子玩，與妻子說說話、散散步，如今卻懶得多說一句話，也不太理會孩子，態度之轉變令妻子起了疑忌，認為先生變了心，一定是在外另結新歡。太太誤會先生忽略了他們母子的存在與感受，而先生則認為太太無理取鬧，完全無法體會諒解他在外面打拼事業的辛苦。因此之故，三天一小吵，五天一大吵，昔日的恩愛甜蜜已經消失得無影無蹤，家庭陷入不斷的爭吵，夫妻形同陌路，先生因受不了太太的冷言冷語，而常以事業繁忙為藉口，晚上都不回家。終於雙方走上了離婚之路，從此各分西東，男婚女嫁毫不相關。離婚後李女以為可以將之前的爭執怨恨放下，從此過著消遙自在的生活。然而離婚後生活頓失依靠，日子過得相當辛苦，又當兒女來會時更是傷痛欲絕，只要想起從前的先生，無名火就油然升起，總以為先生無情無義，因此經常詛咒先生不得好死。李女心中亦是悔恨不已，恨自己之前的無知、恨自己的無能為力，更煩憂往後日子將要如何的過下去，就在時時埋怨悔恨、日日痛不欲生下，跳樓自殺而亡。

李女本以為死後便能一了百了，毫無牽掛，誰知魂斷入冥後，卻是苦痛的開始。魂斷當天，回家看見父母、兄弟姐妹撫摸著自己的身軀而哀痛欲絕時，更令李女因痛悔難止的當下，而墜入了無邊哀悔的獄池，受著無窮無盡的業報，不知何時才是盡頭。

原本是一對恩愛甜蜜的夫妻、一個幸福美滿的家庭，因不知相互體諒、相互溝通、相互信任，而心生無名、猜疑、嫉妒、埋怨，在不知感恩對方的辛勞與彼此的付出，最後導致夫妻反目、婚姻破裂、子女失去應有的母愛，甚至自我戕害身體而命喪黃泉，雖然悔恨交加，但又能奈何，不但於事無補，還要自承罪責，真是得不償失！

## 業報若為「休」顯現於「家庭和諧」之象意

概述：

家中成員之向心力薄弱，家庭冷清、氣氛平淡，家人之相處亦不甚熱絡。有委屈時暗自承受，與家人相處由熱心而無奈無力，對家中事物雖關心助成，但能力有限無法如願。

對子女及晚輩照顧、家庭經營較費心神，但卻有無奈、無力、遺憾的感受。

1、會主動照顧弟妹或晚輩，但弟妹及晚輩不甚領情。
2、對家庭雖想盡心盡力的付出，但最終總有無力之感。
3、人丁冷清或有倒房。
4、家運衰敗、支離破碎。
5、祖先世系源流未能釐清或重整。
6、雖得祖產但難以守成。
7、家宅之地氣有衰退之現象。
8、家中成員之向心力越來越薄弱。
9、家人相處之氣氛由熱絡而轉趨平淡。

10、家中之人事是非有增多之情形。
11、家庭物品或家具之擺設總是令人不滿意或懶得去處理。
12、家宅中之牆壁或家具有破敗之傾向。

## 5. 休顯現於「精進修行」之意

### 善惡到頭終有報

某公務員，服務於政府機關的地政單位，擔任地政勘測的職務，家境小康，日常生活之一切堪稱富足，育有二男一女，也都受過完整之教育學程。

有一次服務單位派他與同事一起出差，從事地政測量的工作，但因收受其中一方地主的賄賂，因此測量時故意將測尺往外延伸一尺之多，以圖利行賄的地主，讓行賄地主多得一些原本不屬於自己的土地，雖然另一方之地主當場表達不滿與抗議，但因其勢單力薄，講話毫無份量可言，因此測量人員一來已經收了賄賂，二來看此地主好欺負，於是就以執行公務為理由強壓地主接受，否則將其以妨礙公務之罪移送法辦，地主迫於無奈，只好忍氣吞聲默默接受，不敢再多言語。

如此不法之行，此測量員竟達十數次之多，古有名言「善惡到頭終有報，不是不報時候未到。」天理昭彰報應不爽，夜路走多總會遇見鬼，就在一次與四位同事出差執行地政勘測任務時，發生了車禍，此測量員當場命喪黃泉。

此人原本陽壽八十又二，但因行事昧著良心，欺壓善良之人，收受不義之財，因此天理難容，就在五十二歲時因共業之報就命喪黃泉，成為枉死城中的一條罪魂。俗話說：「各人造業各人擔」，此人之魂已在枉死城中，受業罪報應達七十六年之久，何時能脫離痛苦之深淵，何時能終止枉死城中之罪罰，茫茫然而無所知，真是遙遙無期呀！

再者，由於此人家中藉收賄所得之財富，常稱霸於鄉里，令鄉親有苦難言，敢怒而不敢言，然而此危害鄉里之罪罰，更是加諸在此魂身上，也因此之報應，更令其難有跳脫獄池苦痛的時緣。

## 業報若為「休」顯現於「精進修行」之象意

概述：

知報孝恩渡祖先，為釐清祖源世系、化解祖業祖怨而費盡心力，但結果卻令其不甚滿意，導致生起懷疑之心。

喜歡談論宗教或修行，但無心入修，即使入門亦心不在焉或難精進持恆，愛到處拜拜或訪靈山勝地，修行機緣有但不知把握或即時入修門。

志高願多但無法持恆，有些好高騖遠，而對修行之法亦是虎頭蛇尾，智慧有限、慧根資質中平。

1、將「修行」視為名詞而非動詞。

2、對於修行之事，總是說多做少或無疾而終。

3、對宗教或生命之價值雖有心瞭解，但卻無心深入去探討真意。

4、容易因迷信而有損財之現象。

5、對宗教活動或修行之事，由熱衷而趨平淡。

6、對生命觀、宗教觀之追求，雖心有餘卻力不足。

7、「修行」一事，總是在表面上打轉。

8、為追求宗教或修行之真意，而花費不少時間、金錢及精力，但總難如願。

9、對人生之態度會由充滿希望熱誠而轉為灰心失意。

10、很想有一番作為，但總受自己個性、脾氣、觀念之影響而不了了之。

11、在受他人之刺激時，會發下誓願「此生一定要努力成功」，但總是會讓時間沖淡當初之決心。

12、年歲越增長，對人生之看法越趨向負面、失意、悲觀、消極。

# 第五節 業報顯現若為「死」之意

## 1. 死顯現於「身體健康」之意

### 看一眼的代價

很多人感慨，為什麼現在的社會變得這麼血腥暴力，從飆車、鬥毆、殺人、凌虐……不但犯罪手法愈來愈兇殘，犯罪的年齡也愈來愈低。這到底是怎麼回事？我們的社會怎麼了？這個世界又怎麼了？更可怕的是，這些事發生的地方，已不只是大都會區、複雜的家庭，或電視上的新聞事件；它可能就發生在我們身邊、純樸的鄉下、單純的家庭。

阿棋是個單純的國中生，每天上學、讀書、考試，放學了就到補習班、或是圖書館念書，日子過得安穩平凡，壓力說大不大，說小不小。反正，幾乎所有國中生都是這樣的，不是嗎？對阿棋而言，最大的放鬆方式，就是每個星期日早上和媽媽到鎮上的媽祖廟拜拜，順便吃個肉圓、炒麵之類的小吃，算是犒賞自己一星期以來的辛勞，也趁機調整一下心情，好應付即將到來的升學考試。

如同往常的星期日早上，阿棋陪媽媽一起到媽祖廟拜拜。早上拜拜的人不多，拜起來從容，不會被干擾。通常假日早上十點以後，人就會愈來愈多，不但機車沒地方停，連上個香都要找位置，否則還真不知往哪裡站？因此，拜拜要趁早……阿棋媽媽總是這麼說。

不過，今天阿棋媽媽稍微耽擱了一下。因為，到了廟門口，她突然想到，再過一個月阿棋就要基測，不如買個禮盒、金紙一起拜，也好祈求媽祖保佑兒子考試順利。所以，她要阿棋自己先四處逛逛，等一下再到大門口會合。

阿棋閒來無事，到處走、到處看。突然身邊一位機車騎士，罵了聲：「看什小？」便拿著一把刀子，刺向阿棋的肚子。對於這突如其來的舉動，阿棋閃避不及，頓時血流如注，倒臥在地。騎士立刻騎車逃逸，無影無蹤。

好在旁邊的攤販記下車牌號碼，並且馬上報警處理。阿棋很快被送往醫院，而肇事的騎士也很快被員警逮捕到案。騎士不認識阿棋，當時正在等朋友，因為不滿阿棋「瞪」了他一眼，所以憤而行兇。

手術後，阿棋虛弱的躺在病床上。當他知道騎士殺傷他的原因之後，既無奈又無辜地說：「我哪有瞪他？就只是隨意逛逛走走而已啊！怎麼就這麼倒楣，招來橫禍。」倒是阿棋媽媽看得開，安慰阿棋：「還好沒有傷及要害，也還好有那麼多熱心的人幫助你，也算是不幸中的大幸，媽祖保佑了。」

## 業報若為「死」顯現於「身體健康」之象意

概述：

遺傳病因強烈且身體受其干擾，為病痛所困，受祖源之影響明顯而強烈。易有先天疾病或無法診出之痛（不明原因）、意外災害或血光之災。不知愛惜身體，甚至有戕害身體、蹧蹋身體之傾向。無醫生緣，病症易被誤判而延醫，失去醫治先機。

1、先天性疾病。

2、作息失序無規律。

3、免疫力差、體質不良。

4、易有不明原因之病症。

5、易受無形之干擾而心神難安。

6、易有精神憂鬱之症狀。

7、血光、開刀、意外災難、無妄之災時而有之。

8、長年病痛、藥不離身。

9、病難痊癒、有後遺症。
10、小病易醫成大病。
11、易有慢性病。
12、無醫生緣、得病未得妥善照顧。
13、易因輕忽而釀成大害。
14、被傳染之機率高。
15、易有醫療糾紛。
16、病症易被誤判而延醫，失去醫治先機。
17、疏於運動、養生、保健之觀念。
18、對身體之覺知靈敏度差。
19、不愛惜自己的身體。
20、易染惡習或有不良之嗜好。
21、遺傳病因強烈，且身體受其干擾而為病痛所困，受祖源之影響明顯而強烈。

## 2. 死顯現於「人際關係」之意

### 貴人

似乎，有些人天生就好命。不僅家庭富裕、資質聰穎，連運氣都比別人好，無論做什麼都事半功倍。另外，有些人或者家庭不溫暖、身體有殘缺，或者運勢不好、沒有貴人，做任何事都事倍功半。那麼，決定一個人好不好命、有沒有貴人、聽不聽明的，又是什麼？

老何從小家裡就貧困，雖然功課很好，卻沒錢讀書。因此，國中畢業就得工作賺錢，幫忙家計。老何倒是認命，並未因此怨天尤人。老何工作之餘，也很上進。一路從高中夜校讀到大學夜間部，真是不容易。

大學畢業後，老何當兵去了。

一轉眼，老何退伍了。他想，大學畢業應該可以找好一點的工作吧！滿懷期待，老何投了很多履歷，可是不知為什麼總是石沉大海。後來，勉強找了一個助理工程師的職位。老何說：「什麼助理工程師，實際上是學徒。」對於這份工作，老何做得並不愉快。因為，帶他的工程師是出了名的難相處。不僅脾氣暴躁、待人苛刻，而且教東西時留一手。最後，老何只好辭職。

離職後，老何工作找得依舊不順利，就算找到了，也做不了多久。那幾年，老何諸事不順。

某天，老何和朋友一起去算命。朋友說：「聽說，這位算命師很準，還會看前世。」老何：「我倒想聽聽算命師怎麼說？唉！真不知上輩子做些什麼，這輩子竟會如此辛苦！」

輪到老何，報了姓名、生辰、住址。算命師稍微沉思，便開口：「你上輩子很有錢，可是吝於幫助別人，所以這輩子沒錢，好讓你體會窮人的辛苦。另一方面，因為你不幫助別人，所以這輩子少貴人，凡事要靠自己，而且會做得很辛苦……」老何邊聽邊回想，自己從小到大的過程，確實是沒錢又辛苦。不過，他半信半疑，心裡想著：「不是說：窮算命，富燒香嗎？算命師該不會早就猜中前來算命的人都過得不好，所以對每個人都這麼說吧？」

雖然，老何不全相信，但他因此有了新的體悟：「我這輩子確實沒什麼貴人，雖然不知是否真是上輩子的因，這輩子的果。但至少我這輩子可以成為別人的貴人。」從此，老何每個禮拜都會到醫院當義工，就算再忙，也會抽出半天的時間，十幾年來未曾間斷。

因業果報不可思議，也難以證實。只是，不論信或不信，我們都可以學習老何積極的態度，將負面的「業報」轉為助人的力量。不是嗎？

## 業報若為「死」顯現於「人際關係」之象意

概述：

逃避團體生活或活動，人多之場合就令其有不安窒息之感，不善交際，人際關係甚差，應對進退不得體或有恐慌懼怕之感，喜離群獨處。

易遭團體排擠，易受他人攻擊批評，大家不想與之互動，受到傷害仍得不到同情或安慰，畏縮孤僻人緣不佳，鮮少有出頭或領導之機會。

1、不善於人際關係之經營與拓展。
2、不喜歡人多或團體之場合。
3、不善於應對進退或與人相處。
4、活動中永遠是位沈默者或躲在角落。
5、與人交談不得體或常得罪人。
6、易受中傷或口舌是非不斷。
7、人緣差難以相處。
8、孤僻成性眼光短淺。
9、貴人難有、助力少、成功不易。

10、易遭排擠或受人欺負。
11、同事、朋友對於自己不幸之事，常漠不關心或抱幸災樂禍的心態。
12、朋友不會主動關懷協助，凡事冷漠以待。
13、遭朋友或同事刺傷、打擊或扯後腿。
14、容易被倒會或被騙財。
15、男女感情不順、阻礙、中傷、干擾不斷。
16、男女經常發生口角、是非、猜忌、爭執、誤會。
17、男女雙方之交往，來自父母、親友、經濟等之壓力不小，雙方不易修成正果。
18、常因對方之責難、管束、嘮叨、鄙視、冷言冷語而心生不滿或鬱鬱寡歡。

## 3. 死顯現於「事業經營」之意

### 熊熊大火

「天有不測風雲，人有旦夕禍福」能夠活得平順是很大的福報，也是很多人的盼望。只是，世間事往往出人意料，難以掌控。

廖董是一間塑膠工廠的負責人，工作勤快、守信用，也很照顧員工。所以，公司上下一心，每個人都很努力。因此，公司營運得非常好，業績蒸蒸日上。由於業務增加的速度太快，作業線忙不過來，所以工廠時常都要加班。為了因應日益增加的業務，廖董打算擴廠，他計畫買下工廠旁邊的空地建新廠房。

一切進行得很順利，廖董以合理的價格買下土地。不過，建廠的資金不夠，所以向銀行貸款。由於，廖董信用好、生意佳，因此銀行很快就通過廖董的案子。廖董很高興，終於可以開工。他信心滿滿，等新廠完工，整個公司必定可以有很大的跨越及成長。公司員工也都感染這份喜悅，所以大家工作得愈發賣力，整個公司散發著前所未有的高昂士氣。

只是世事難料，廖董的工廠發生嚴重意外。

事發當日，天氣炎熱，好像火爐一樣快把人烤焦。新廠擴建工程如火如荼的趕工，以便盡快蓋好。可是，天氣實在太熱了，有位工人覺得身體不舒服，所以向工頭報備之後，找了個陰涼的地方休息。休息過後，工人點了根香菸，想讓自己稍微放鬆一下，再回去工作。（雖然工地禁止吸菸，尤其是在塑膠工廠旁邊。但工人想應該沒人看見，何況只是一根菸而已。）

工人吸完菸，隨手一丟，卻忘了把香菸熄滅。由於天氣炎熱，香菸持續燃燒，高溫加上旁邊塑膠桶子的漏油……

工人走沒幾步，桶子就發生氣爆，把他自己炸飛開來。接著，引發更大、更嚴重的氣爆。由於是塑膠工廠，又加上天氣炎熱，火勢一發不可收拾。現場濃煙密佈，氣味嗆人，增加搶救的難度。即使消防車很快抵達，卻無法控制火勢，整座廠房付之一炬。

一夕之間，廖董失去工廠，只剩下旁邊興建中的廠房沒受到波及。只是火災的損失，加上銀行的貸款，廖董濱臨破產邊緣。

雖然起火原因很快釐清，但是這些損失能向肇事工人求償嗎？工人不僅身受重傷，也無力賠償啊！建設公司呢？大概也負擔不起所有損失吧！

原本準備大展鴻圖的廖董，因為這場意外的火災陷入絕境。廖董計算著現有資產：土地、興建中的廠房、火險理賠、建設公司的賠償……又盤算著所有損失、應付帳款……廖董不禁難過地自問：「我還有機會東山再起嗎？」

## 業報若為「死」顯現於「事業經營」之象意

概述：

無祖德之蔭，事業難有成就，逃避工作，工作游移不定，上班令其心慌不安，工作不順，升遷難、易遭辭退，得不到賞識，難有出頭時日，受同事排擠、被長官壓得死死的不敢吭聲、做錯行業。

公司經營不善，所生產之成品易遭退貨，事業難成，財務常虧損，選錯行業，用人不當。投資不當或失敗，職業與命格不合，用盡心機到頭亦是一場空，易拆夥。不喜歡讀書，功課或成績不佳，考運差，求學不順利。

1、事業心薄弱或無事業心。
2、做事消極、得過且過。
3、常無故被降調或辭退。
4、小人多、陷阱深。
5、工作時心不在焉或眼高手低。
6、牢騷滿腹、總覺得上司及長官待其不公。
7、得不到賞識、升遷不易。
8、同事排擠、難容於團體。

9、眼光短淺、視錢如命。
10、無投資理財之能力、財務不佳。
11、工作職業與命格頻譜或興趣格格不入、難有展現才華之機。
12、視工作上班為畏途、常想逃避。
13、難有貴人相助提攜。
14、未能把握時緣機運。
15、眼高手低、心存幻想、難安於現狀。
16、常為財所困或所苦。
17、有不勞而獲之心，鋌而走險幹起作奸犯科之勾當。
18、不聽人勸、一意孤行。
19、考運不順欠佳。
20、師長緣分薄弱。
21、求學不順利。
22、學習效果不佳、反應遲頓。
23、與同學相處不佳、常欺負人或被欺負、團體中的頭痛份子。
24、參與選舉時，不易被提名，而且落選之機率頗高。
25、選舉時之氣勢拉抬不易、欲振乏力、呼聲不高、不被看好。

## 4. 死顯現於「家庭和諧」之意

### 老淚縱橫的豪爸

想到兒子剛出生時的可愛模樣，剛學走路的蹣跚步伐，第一天上學的青澀不安，豪爸很難和現在站在自己眼前的兒子聯想一起，豪爸疑惑的自問：「他真的是我的寶貝兒子阿豪嗎？」

阿豪是長子，當初產檢一知道是個男娃，豪爸就幫他取好名字，尚未出生，就迫不及待的自稱「豪爸」。因此，從那時起，大家都這樣稱呼他。每當有人叫他豪爸，他就樂不可支。由此可見，豪爸有多期待這個兒子，多看重這個兒子。

因為是家裡第一個小孩，阿豪從一出生就受盡父母關愛。尤其是豪爸，別說阿豪要什麼有什麼，甚至阿豪沒開口，他就買到阿豪面前。豪爸知道阿豪喜歡的玩具、喜歡吃的東西、喜歡玩的電動，只要和阿豪有關的事，他都瞭如指掌。

阿豪不喜歡讀書，「沒關係，行行出狀元。」豪爸如是說。

阿豪找不到工作，「沒關係，你想做什麼，老爸幫你安排。」於是，豪爸四處請託。

阿豪一再換工作，不是嫌薪水低，就是嫌太累。「沒關係，年輕人要多看、多闖。」豪爸不知道這是在安慰自己，還是阿豪。

眼看阿豪已超過一年沒工作，整天遊手好閒，豪媽擔心得要阿豪趕緊找工作。想不到阿豪門一甩，頭也不回的就出去了。一去就是三天，連通電話都沒打，害豪爸整天坐立難安，生怕阿豪有什麼意外。要不是被豪媽擋著，早就報警了。

終於望到阿豪回家，想不到阿豪一開口就是要錢還債。原來阿豪這幾天和朋友去賭博，賭輸了很多錢，不得已只好回家討救兵。

豪爸動氣了，唸了阿豪一頓，最後還是把錢拿出來，因為他知道賭輸的錢不能欠，否則後果難料。但這例子一開，再也無法收拾。

有了豪爸這個靠山，阿豪更是沒有顧忌的豪賭。

豪爸從好言相勸，到大聲責罵，都無法阻止兒子賭博。過不了多久，豪爸的積蓄都被阿豪挖空。可是，阿豪卻絲毫沒有收手的跡象，反而要豪爸拿房子去抵押，幫忙還賭債。豪爸當然不肯，在激烈爭執中，阿豪竟出手打豪爸。豪爸愣住了！自從兒子沉溺賭博之後，兩人的關係愈來愈差，時常大聲爭吵。為了阿豪，自己連老本都沒了，就是想喚回兒子的心。想不到，兒子不僅未曾反省，還常為了錢忤逆自己。現在兒子竟然對自己出手，豪爸幾乎不敢相信，眼前這個人，竟是自己寵愛二、三十年的兒子。不知不覺，豪爸已淚流滿面……

## 業報若為「死」顯現於「家庭和諧」之象意

概述：

家人彼此有冤結，常有吵架爭鬥之事，不得安寧進而不相往來。家運低落有破裂之象，人丁單薄。

家中說話沒有份量，常覺得被家人欺負且得不到關心，不喜歡和家人相處或聚餐同遊。承襲父母、長輩之習氣，家庭受祖業之影響而爭吵不安甚至反目成仇，祖怨或祖先之爭鬥影響子孫家庭之和諧。

1、家人互不關心、各行其事。
2、氣氛冰冷、難有歡笑聲。
3、成員皆自私為己、不願付出。
4、視家為監獄牢房，待不住或不想回。
5、常因小事而爭鬧不休，甚至仇視傷害報復對方。
6、家庭觀念薄弱、無向心力。
7、家庭擺設不佳、居家環境有害。
8、無祖蔭、家風不佳。

9、祖先業結多、祖怨深、冤結糾纏難清。

10、祖靈業苦而難安。

11、出叛逆或作奸犯科之輩。

12、對報孝恩、拔渡祖先之觀念缺乏或薄弱。

13、祖墳有誤待重整。

14、家庭教育管教不良、上樑不正下樑歪。

15、因祖先之故而有小利之機，但難成大局甚至有損祖先清譽。

## 5. 死顯現於「精進修行」之意

### 樑上非君子

阿成和小武是大學新鮮人，兩人有緣成為室友。不過，因為就讀科系不同，選修的課程差異很大。所以，除了偶爾會一起打球之外，他們很少在一起。但是，關於小武的傳言，阿成還是略有耳聞。

阿成多次聽到宿舍同學說：「小武喜歡偷東西，已經有多人受害。如果不是小武父母一再到學校求大家原諒，並賠償損失，早就被退學，甚至移送法辦了。」由於說的人太多，阿成很難不相信。只是，阿成和小武同寢室卻未曾丟過東西，所以阿成懷疑這個傳聞，可能並非真實。阿成嘀咕：「難道是兔子不吃窩邊草，所以小武不偷我的東西？或者其中有什麼誤會，只是大家沒讓小武說清楚。」阿成雖然很想問個明白，但想到自己和小武不熟，實在難以啟齒。

很快地，學期將要結束，小武竟主動找阿成談。

小武：「你應該有聽過關於我是小偷的傳聞吧！」阿成很驚訝小武這麼直接，一時說不出話。

小武繼續說：「其實那傳聞是真的，我的確是個小偷，而且從國小就開始偷。」

阿成瞠目結舌，反應不過來，勉強擠出一句話：「你沒騙我吧！那為什麼我從來沒丟過東西呢？」

小武笑著回答：「事實上，我們住同寢室的第一天，就想找你下手。可是發現你的抽屜都沒鎖，錢包、機車鑰匙也隨便擺在桌上，像這樣伸手可拿的東西，我是提不起興趣的。我偷東西不是為了財物，而是為了享受偷的快感，所以我只偷上鎖或是藏起來的東西。這才叫偷嘛！」阿成沒想到自己懶散的個性，竟成為免於遭竊的優點。

小武接著說：「今天告訴你這件事，主要是因為我要休學了。想到整個宿舍只有你不排斥我，當我是朋友，所以告訴你一聲。」阿成和小武愈聊愈深入。

原來，小武有「偷竊癖好」。偷竊，不僅可以帶給他快感、成就感，重要的那是抒發壓力的方式。小武也不想當小偷，但就是克制不了偷的慾望。小時候，小武媽媽曾經整天監視小武，防止他偷竊。結果一到晚上，小武忍受不了，歇斯底里的做出自殘行為，還因此送醫。

聽著小武述說自己的「癖好」，阿成突然生起一股憐憫之心……

## 業報若為「死」顯現於「精進修行」之象意

概述：

祖業之擾，阻礙其修行之機，智慧難以開展。

無緣入修於正信之宗教或難有遇明師之機緣，甚至曾被神棍所害而導致排斥宗教。

不排斥拜神但只想接觸宗教之活動或儀式，對於修行之事則認為是消極逃避之行為，若要深論宗教則會令其頭痛不安。

1、入修機緣不深。

2、難遇名師之教誨。

3、難聞正信之法或難入其門。

4、沒有宗教信仰甚或排斥之。

5、不信因業果報、輪迴來世、業債冤結。

6、會祭拜祖先，但不理會祖先世系源流對人生及傳承之重要性。

7、視祖業、祖怨、報孝恩、拔渡祖先為無稽之談。

8、易受神棍所騙。

9、視修行為消極逃避之行為。

10、「行功積德、儲備來世資糧」，視為邪說騙人，瞧不起修行之人。
11、人生觀、價值觀有所偏差。
12、對人生抱持「得過且過」、「過一天算一天」的態度。
13、思維、觀念、態度偏向負面消極的。
14、一生想要有所成就，是不容易達成的。

# 第六節 業報若為「旺相」顯現於「人事時地物」之意

## 1. 旺相顯現於「人」之意

### 多花三分鐘感謝

一家日資公司的公關部招聘一位職員，最後現場只剩下了五個人。公司通知這五個人，聘用誰？得由日方經理層會議討論過後，才能決定。

幾天後，其中一位求職者的電子郵箱收到了一封信，信是公司人事部發來的。內容是：「經過公司研究決定，妳落選了！但是我們欣賞妳的學識、氣質，因為名額所限，實是割愛之舉，公司以後若有徵人名額，必會優先通知妳。另外，為感謝妳對本公司的信任，祝妳開心！」

她在收到電子郵件的那一刻，就知道自己落選了，感覺十分傷心，但她另一方面又為外資公司的誠意所感動，於是便順手花了三分鐘時間，用電子郵件給那家公司發了一封簡短的感謝信。

然而兩個星期後，她收到那家日資公司的電話，說明經過日方經理層會議討論過後，她已被正式錄用為該公司職員。後來，她才明白，原來這是公司出的最後一道考題。她能勝出，只不過是因為多花了三分鐘時間去感謝！

## 一塊地 總有一粒種子適合它

有一個女孩，沒考上大學，被安排在本村的小學教書。由於講不清數學題，不到一週被學生轟下台。母親為她擦了擦眼淚，安慰說，滿肚子的東西，有人倒得出來，有人倒不出來，沒必要為這個傷心，也許有更適合妳的事情等著妳去做。

後來，她又隨本村的夥伴一起外出打工。不幸的是，她又被老闆轟了回來，原因是剪裁衣服的時候，手腳太慢了，品質也過不了關。母親對女兒說，手腳總是有快有慢，別人已經幹了很多年了，而妳一直在念書，怎麼快得了？

女兒先後當過紡織工，幹過市場管理員，做過會計，但無一例外，都半途而廢。然而每次女兒沮喪回來時，母親總安慰她，從沒有抱怨。

三十歲時，女兒憑著一點語言天賦，做了聾啞學校的輔導員。後來，她又開辦了一家殘障學校，再後來，她在許多城市開辦了殘障人士用品連鎖店，她已經是一個擁有幾千萬資產的老闆了。

有一天，功成名就的女兒湊到已經年邁的母親面前，她想得到一個一直以來想知道的答案。那就是前些年她連連失敗，自己都覺得前途渺茫的時候，是什麼原因讓母親對她那麼有信心呢？

母親的回答樸素而簡單，她說：一塊地，不適合種麥子，可以試試種豆子；豆子也長不好的話，可以種瓜果；瓜果也不濟的話，撒上一些蕎麥種子一定能開花，因為一塊地，總有一粒種子適合它，也終會有屬於它的一片收成。

聽完母親的話，女兒落淚了，她明白了，實際上，母親恆久而不絕的信念和愛，就是一粒堅韌的種子；她的奇蹟，就是這粒種子執著而生長出的奇蹟。

## 業報若為「旺或相」顯現於「人」之象意

1、身體健康精神飽滿。
2、少病痛、血光、意外等之傷害。
3、免疫力佳、抵抗力強、體質良善。
4、先天遺傳及慢性病機率低。
5、生活作息正常。
6、無不良嗜好。
7、重養生保健運動。
8、不濫吃藥物或偏方、祕方。
9、誤診延醫機率低、無妄之災少。
10、得貴人相助、朋友相挺、部屬擁戴、長官賞識。
11、善於與人相處、深得人心、善待所有的人。
12、用心經營人脈、真誠付出不計較得失。
13、主動積極關懷協助他人。
14、不論人之是非、不妄加批評或懷疑朋友。
15、家人相處和諧融洽、快樂歡笑。

16、家人彼此尊重、相互禮敬、互信、互愛、互諒、互助、互成。
17、家人向心力強、有家庭觀念、有責任感。
18、願為家人付出受苦。
19、重人倫綱常、家庭教育。
20、家風祖德令人稱羨敬仰。
21、善待員工且員工向心力強肯付出。
22、善於企劃、領導、執行。
23、事業心強、積極有衝勁。
24、講信用頗得同業之信賴與支持。
25、易得名師之傾囊相授。
26、得同修道侶之助。
27、修法觀念態度正確。
28、修行精進不懈並能積極承擔。
29、身、心、靈調和且悟性高。

## 2. 旺相顯現於「事」之意

### 有驚無險—是奇蹟還是神蹟？

很多年前大明的父親發生了一件重大的車禍事故，意外發生時大明的父親車子全毀且人飛出去，整個人掉在對方的車上，而後從車頂滾下來，最後又滾到對面車道上，當時在快速道路上竟無對方來車。昏倒送醫急救的大明父親，醒來時卻是毫髮無傷，意識也非常的清楚，大明看到父親發生事故的現場，及當時對方描述車禍發生當下的情形，更是驚訝不已，對方是位年輕小夥子，開跑車卻闖紅燈，而且車速非常之快，在這種狀況之下，大明的父親仍安然無事，大家都覺得不可思議。

事後大明的父親回想起來，他覺得車禍發生的當下，好像有人將他抱起來而且感覺自己的身體變得很輕，在落地時好像被輕輕放了下來，他覺得這一定有神明助佑。後來大明帶父親請示玄門法門的教尊，教尊告訴大明的父親說：「這次的意外，是家鄉的地方神『祖師公』救了他，神明感謝他一路在廟裡的效勞，除此之外大明的父親平日就喜歡幫忙別人調解糾紛及對婚喪喜慶的協助，而且從不收受紅包或酬勞，因此，當自己運勢較低時，就容易『公親變事主』，才會造成這次的意外事故。」因此，要父親去祖師廟上香拜拜，感謝神佛救命之恩。

## 業報若為「旺或相」顯現於「事」之象意

1、作息正常、生活規律、無不良嗜好。

2、重飲食衛生、保健、養生、運動。

3、熱心慈善及公眾事務

4、朋友之婚喪喜慶事會主動協助幫忙。

5、關心家族之一切活動，主動協助幫忙有困難之宗親族人。

6、對家人的大小事皆能放於心上，並主動關懷協助。

7、對於事業善於規劃執行，有強烈之企圖心。

8、對於事業能主動積極、勇於任事、認真負責、任勞任怨。

9、擅長財務之收支及投資規劃。

10、能腳踏實地、按部就班、依師依法而修。

11、一切行作合宜、儀軌得度，且能精進不懈。

## 3. 旺相顯現於「時」之意

### 考運

參加律師考的老吳，從小就立志長大後要當律師，因此他總是努力讀書，不敢稍有懈怠。準備多年，成果如何就看「這一役」了。只是，當拿到成績單的時候，老吳都快哭出來。因為，只差一分就可以考上。不過，老吳很快就調整好心情，他嘆了一口氣，邊苦笑，邊回想：「自己從高中聯考開始，似乎只要面對大考，就沒一次順利的。」

國中時，老吳在全年級的排名從沒掉到十五名外（呵，一個年級將近900人耶）。本以為高中可以考上第一志願，想不到卻以一分之差，掉到第二志願。為此，導師還特別打電話到他家安慰。上了高中，老吳仍勤奮念書，成績總是名列前茅。原以為必定可以考上心目中的大學，無奈又差了0.5分，只好選擇另一大學的法律系就讀。這次律師考試，想不到又以一分敗北。老吳傷心之餘，不免感嘆自己的考運太差。

老吳決定東山再起，「想想自己從小到大努力讀書，不就是為了要當律師？這次考不好，還有下次啊！至少，實力是在的，相信皇天不負苦心人，只要堅持到底，必定可以達成願望。」老吳不斷地自我安慰、自我鼓勵。

老吳沒有放棄，反而以更堅定的決心，努力讀書，準備考試。隔年，果然以優異的成績考上律師，實現理想。

即使事隔多年，每當老吳回想起自己的考試歷程，還是很慶幸自己最終可以通過考試。因為這些經歷，老吳不但變得更謙虛，也更尊重「命運」。他總愛說：「盡人事，聽天命。」

## 業報若為「旺或相」顯現於「時」之象意

1、身體運勢佳，就醫診治正當時，藥物治療事半功倍。

2、易出名，團體中之風雲人物。

3、拓展人際關係順利正逢時，呼聲高、風評佳、人氣旺。

4、家運旺、向心力強、氣氛和諧。

5、事業經營正逢時運，鴻圖大展之機，財源廣進之時，投資精準。

6、上班者升職考運佳、績效好。

7、得名師、入修深、因緣佳、領悟力強、靈性高、精進不懈、入修機緣成熟。

8、身體少有病痛或為病痛所困擾。

9、神清氣爽平和安住。

## 4. 旺相顯現於「地」之意

### 即將失傳的「讓土買賣」法沿

在王家，阿華是最大的女兒，不但乖巧又能幹，白天和父親一起下田，晚上則是幫母親打理家務，是父母心中貼心的孩子。阿華有兩個弟弟，或許因為是男孩，奶奶總是比較縱容祖護弟弟，發生任何爭執時，阿華自然而然就會禮讓弟弟三分，甚至還須擔負弟弟所有事情，這也是造成阿華弟弟日後承擔性比較不足的原因。

父親口中常指著祖先留下的田地，說這一塊分給大弟、那一塊分給二弟，當然還留一塊分給疼愛的阿華當嫁妝，幾年後阿華的父親身體逐漸不好，在往生前便將土地各自過繼給阿華姐弟三人。

而阿華長大成年了，母親作主將她嫁給了青梅竹馬的林保生，保生原來在鐵工廠工作，因為阿華的母親給了他們一筆錢，於是他們就自己租地開工廠做老闆，轉眼間過了十年，保生與阿華工廠的生意一年比一年好，收入盈餘也存了不少錢，多年來一直在規劃想買塊地，自己可以開工廠也可以居住，這是阿華與保生的心願，也是多年來一直在打算的事。

而弟弟多年來一直在經商也在玩股票，出入的錢可以說是相當大，因此阿華的弟弟也將父親分給他的祖厝田地拿去銀行質借貸款，初期阿華的弟弟經營得還算不錯，但因最近時機不好，投資股票也一直在虧錢，因此造成向銀行質借貸款的祖厝田地都被法院查封，甚至已公告拍賣了！

阿華得知這件事心裡非常的難過，於是跟先生保生商量，希望買下這塊地及祖厝，一來是不捨得父親留下的祖厝祖產被拍賣掉，二來也是自己已規劃準備多年，想買地建工廠及住家的夢想，可以藉這個機會完成。於是在先生的支持下，買了父親分給弟弟的土地及祖厝，並蓋起了工廠與一棟三層樓的房子。搬進新工廠及新家剛開始第一年生意還不錯，但是到了第二年卻漸漸下滑，甚至還被人倒債，而更奇怪的是，兒子也總是在夜裡哭鬧，搞得保生與阿華心神不寧、焦頭爛額。

保生的好朋友聽說彰化有個道場很靈驗，於是介紹保生與阿華到道場諮商叩問，經過仙佛與老師的查辦，告訴阿華及保生幾個問題點：

1、經查辦發現保生的問題，是從祖先的問題延伸造成的。原來保生在搬入新家時，也將一直安奉在老家的祖先牌位一同奉入，並辦了一場風光的新居落成盛宴，但是保生阿華卻沒有注意到，這土地是向阿華的弟弟購買的，本質上王家的祖先會因為祖產而在土地上守護，而林家的祖先也會認為這是親家的土地而不敢進宅入座，因此造成了所謂的「公媽未入」祖先流連於門外的情形。

2、一般購買土地建新宅，若是屬於舊宅或祖厝應特別注意，入住時宜辦理「讓土買賣法事」，這是非常重要的一項法事，尤其保生、阿華所買的是姻親（娘家）的土地，更是一件非常棘手的事，如果沒有辦理「讓土買賣法事」，是很難讓入住進去的家族平安順利的。

相同於保生、阿華的問題，一般人其實很容易因不懂而疏忽的，也因疏忽而造成日後的傷害。還有一事例也是如此：吳先生因為工廠需要擴建，所以買了太太娘家的田地，這塊田地可以說是太太娘家的祖產，而且上面還有太太祖父母的墳墓，不過賣給吳先生後，墳墓就遷走了。

沒多久工廠蓋好了也開始動工了。但不到幾個月就發生工人意外受傷的事，而且好像會傳染似的，接二連三都有意外傳出，過不了多久，連吳先生的兒子也被機器斲傷手。吳先生百思不得其解，回想當初要建工廠的時候，從動土興建到完成啟用都有拜拜，再者現在每月逢初二、十六也都有按照習俗拜拜啊！為什麼工廠會不平順呢？

經過諮商叩問後，也同樣是屬於未辦理「讓土買賣」的問題。原來這塊地原本是太太娘家的祖產，甚至太太的祖父母的墳墓還葬在上面，雖然後來墳墓遷走了，但其實太太的祖父母「並沒有走」，也就是說太太的祖父母，仍認定這塊田地是自己家的，所以他們的靈魂仍繼續在那裡徘徊不去，甚至心有不甘，這就是造成吳先生工廠接二連三發生意外的原因，要解決改善這個問題，亦須如上例必須辦理「讓土買賣」之法事。

## 業報若為「旺或相」顯現於「地」之象意

1、身體得祖源之蔭助。
2、診治之醫院細心照顧
3、尋醫之方向、位置正確合宜。
4、居家有助身體調養。
5、人際關係受地方鄰里相助。
6、尋求貴人方向明確易得。
7、居家陽宅得地利旺氣之助。
8、陽宅格局佈置擺設合宜。
9、祖墳得地氣之助。
10、公司工廠之配置合度。
11、廠房得地利旺氣相助。
12、公司廠房之土地增值獲利多。
13、上班時精神愉快、工作順利、喜歡待在上班地方。
14、修行之地，氣旺祥和寧靜，易成靈山聖地。
15、修行處所有助於身、心、靈之修。
16、沉浸於修行處所，備感清淨舒爽、精神抖擻。

## 5. 旺相顯現於「物」之意

### 一驢背的麻布

在某個村莊住著一對要好的朋友，一個叫小華，另一個叫小明，由於生長在偏僻的小鄉村，因此生活過得非常辛苦，謀生更是不易，所以他們倆便相約至外地做生意，因為沒有資金，只好將家中之田地變賣。

他們離開家鄉後日夜兼程的趕路，終於到了一個生產麻布的城鎮，小華對小明說：「這麻布在我們的家鄉是相當值錢的，只要我們將所帶的錢全部買麻布，然後運回故鄉賣，一定可以賺到不少錢的。」

於是兩人便將所有的錢買了麻布，並將其捆綁在驢的背上。隔了數日，他們經過一個盛產毛皮的地方，而那裡剛好缺乏麻布。小華就告訴小明說：「在家鄉麻布雖然有利潤，但卻比不上毛皮來得值錢，所以，我們應將麻布賣了，換成毛皮。」然而小明說：「我的麻布已經捆綁在驢背上了，不想那麼麻煩。」於是小華只好將自己的麻布全換成毛皮，此時的小華不但毛皮有了，而且還賺了一些錢。

當他們繼續前行來到一個生產藥材的地方，由於該地天寒地凍，所以正缺少麻布和毛皮，於是小華就建議小明說：「藥材在我們家鄉是相當稀少而缺乏的，其價值不輸麻布及毛皮。所以，你把麻布賣了而我把毛皮也賣了，如此全數換成藥材運回家鄉賣，相信可以賺到很多的錢。」但是小明還是說：「既然已經走了這麼長的路，而且麻布也綁得牢牢的，就不要太麻煩了。」小華無奈下只好將自己的毛皮換成藥材，此次賺的錢竟然比上次的還多。

在跋山涉水後，他們來到了一個盛產黃金的城鎮，而在當地雖然產黃金，但因環境及氣候關係，卻無法生產麻布和藥材，因此，麻布和藥材在當地是相當稀有而昂貴的。所以小華還是對小明說：「此地麻布和藥材的價錢相當高，而黃金卻很便宜，如果我們將麻布和藥材換成黃金，以家鄉的黃金價格來算，我們這輩子就不愁吃穿了。」然而此次小明仍然回絕了小華的提議。萬般無奈下小華還是將自己的藥材全數換成黃金，而此時的小明依然只是一驢背的麻布。

最後，他們終於回到了自己的故鄉，小明賣了麻布，雖然有利潤但卻相當微薄，而小華不但帶回一筆路上所賺的錢，還將黃金全數變賣獲得了一筆更為可觀的錢財，成為當地的大富豪。

## 業報若為「旺或相」顯現於「物」之象意

1、得到最新醫療器材醫治。
2、就醫之醫院設備新穎。
3、對醫療美容、健康保健之物品或器材不吝投資。
4、常收到朋友致贈之精美禮品。
5、推展人際關係不吝惜送禮品。
6、朋友聚會餐敘以品嚐美食為主。
7、家庭所用之家具、燈飾皆是精美雅致之高檔貨。
8、居家物品之擺設有定位且不雜亂、不任意堆積物品。
9、機械設備汰舊換新。
10、產品瑕疵品少。
11、廢料能善加利用其剩餘價值。
12、產品普獲同業或大眾喜愛。
13、機器、物料置放整齊不亂。
14、開發新式產品易成功並獲財利。
15、產品新穎、價值高、有競爭力。

16、機械故障機率低。

17、修行之物齊備完善，法器經本擺放得宜。

# 第七節 業報若為「休囚死」顯現於「人事時地物」之意

## 1. 休囚死顯現於「人」之象意

### 江山易改，本性難移

有一女子名叫麗珠，十九歲嫁給一位聰明又喜好交朋友的有為青年為妻，此女之先生家境不錯，生活所需的一切花費從不需麗珠擔憂。丈夫生性好客又喜愛結交朋友，待人非常熱誠，因此年紀輕輕就擔任各種社團的主要負責人。麗珠雖然生有三男一女，但從入嫁夫家後，就經常與丈夫爭吵不斷，所爭吵之事亦都是生活中的一些瑣碎小事，剛開始是與公婆的相處對待關係不佳，經常鬧意見，而每次爭吵後總會向丈夫哭訴，認為公婆對她懷有敵意沒能善待她，而丈夫在聽完妻子的哭訴後，總是勸她要多加體諒與忍讓，畢竟是自己的長輩，沒什麼好計較的。然而丈夫越勸她，她的火氣就越大，總認為丈夫不愛惜她、不體恤她，因此日復一日的口角、年復一年的爭吵，難有寧靜之日，到後來更是變本加厲，誰也不讓誰。

丈夫在屢勸不聽、無計可施、百般無奈下，為了家庭的和諧，只好選擇另買房子，搬離父母不再同住。丈夫心想現在沒有與父母住在一起，應該可以終止爭吵，好好過一段寧靜的日子，沒想到寧靜的好日子過沒幾天，麗珠又因丈夫與朋友的交際應酬過多，再次的與丈夫爭論不休，從三五天的一次爭吵到後來的天天理論，真可說是隨時隨地都處於備戰狀態，而爭執吵鬧的原因更有千百種，理由也是五花八門無所不包，為女人、為喝酒、為交際應酬、為太晚回家、為沒回家睡、為講話口氣不佳、為態度不夠體貼、為子女不乖、為錢財不夠用……凡所有一切大大小小之事沒有一件不能爭吵的，由於經年累月的爭論吵鬧，到後來丈夫也累了、疲倦了，不想再多說些什麼，因此，只要一回到家便不言不語，靜靜的坐著，即使麗珠大吵大鬧，甚至破口大罵，丈夫亦是如此，好像事不關己，一句話也不想回應。從此家中雖然安靜許多但亦顯得異常冷清、毫無生氣。有一天，一位女人打電話到家裡邀丈夫出去交際應酬，丈夫接完電話就外出了，一直到隔天清晨才回家。待在家中的麗珠，一想到丈夫與女人出去，再也無法忍受此無情之打擊，衝出家門，坐上南下火車，火車上的麗珠越想越氣、越想心越痛、越想越怨恨，先生怎可如此待她、怎可如此無情、怎可如此冷落她，為了讓先生自責與後悔，為了了斷痛苦的婚姻與無休止的爭吵，麗珠最後選擇以結束生命的方式來表達心中的不滿、痛苦、怨恨與憤怒。在麗珠的認知，只要結束生命便可一了百了，從此再也不用煩惱與埋怨了。

然而真是如此嗎？麗珠自我了斷後，悔恨痛苦不堪，經神佛轉述其狀況：

此女因自我了斷，魂離身軀後，日日夜夜受地水火風之磨，無法逃避而痛苦難當，又因怨恨、瞋怒、執著等心中之火，讓自己無時無刻處於猶如自焚般，哀痛而難以逃遁，一怨、一恨、一念都猶如烈火焚燒般的苦痛，後悔當初的無知無名，後悔當初的瞋怨、執著，後悔不該自我了斷，此時孤魂飄飄難安，哭絕天地也無人可應。入冥之初即如此苦痛，往後又如何承受得起因業之罰受呢？怨瞋之火，時時自燒，其苦痛無人可令其終止，唯有從知錯、認錯、反省、懺悔中一點一滴慢慢的減少其罪罰之承受。

人的個性，受父母、受師長、受教育、受環境、受前世業力、受朋友、受祖源等等的影響，在這複雜的爐中磨練，有人最後成為有用的鋼鐵，但也有人到頭來卻是廢鐵一堆毫無所用。有謂「近朱者赤、近墨者黑」，環境的一切當然會左右影響個性的養成與人格的發展，然而在大染缸的養成中，自己的思想觀念乃是具有決定性的重要關鍵，所謂「蓮花出淤泥而不染」就是這個道理，環境再艱難、局勢再惡劣，只要正向而積極的思考，則必能如蓮花般突破現有環境的束縛。

## 業報若為「休、囚、死」顯現於「人」之象意

1、易有血光意外災難，體弱多病，得先天性遺傳病、慢性病機率高，免疫力差、易被感染或對流行病疾抗力弱，易有延醫誤診之現象，有病不易治療。

2、人緣不佳，與人難相處，朋友助力不多，常與人口角爭執，易排擠人或受人排擠，貴人長官緣薄弱，孤僻、喜獨來獨往。

3、無家庭觀念、對家少有責任感，與家人難相處關係不佳，漠視家人互不關心，不滿或仇視家人，不願參加家族聚會或出遊。

4、無上進積極之心、不喜歡工作，與長官、上司、同事處不來，常有口舌是非、傷人或被傷害。

5、無明師緣、無相互勉勵之道侶同修、修行之因緣不佳。

## 2. 休囚死顯現於「事」之象意

### 知人知面不知心

俗話說：「人心隔肚皮。」光看外表，實在很難看出一個人在想什麼？而且，即使是我們認識多年的人，也會有看走眼的時候。

小莉外表清秀，個性溫和好相處，從小到大都很有人緣。認識她的人，總會喜歡她，對她產生好印象。

大學畢業後，小莉到一家貿易公司上班。「得人緣」的她很快就和同事混熟，也常獲得同事幫助。小莉覺得自己很幸運，可以和一群善良的同仁共事。

但人真的都是善良的嗎？小莉真的只會遇到溫和敦厚的人？每個人的內心都有無數個面向，是善是惡，繫乎一念。尤其，面對競爭或者利害關係時，還能維持自己的本然善心嗎？話說，在小莉的同事當中，最照顧她的就屬鳳姐。鳳姐比小莉大幾歲，也比小莉早進公司好幾年。但對小莉並不會擺出「老鳥欺負菜鳥的姿態」，反而對小莉很好，經常指導她工作上的問題。有了鳳姐的教導，小莉更快進入狀況，不到三個月就熟悉整個業務。

小莉逐漸展露才能，並且深獲主管賞識，主管也常在老闆面前稱讚小莉。小莉很慶幸自己可以進入這家公司，所以工作得更賣力。

接著，小莉不僅獨當一面，還開發了好幾家新客戶。目前她手上正進行著一家大公司的企劃案，如果案子可以做成，往後大公司的進出口都會交由她們公司負責，這可是很大的金額。不但小莉卯足全力，希望爭取到該客戶，老闆和主管也很重視這件案子。為了做成這件生意，同事們也盡量幫忙，尤其是鳳姐，更提供了各種資料、相關企劃，以及同行的參考報價。小莉很感激大家的幫忙，暗自決心一定要談成這筆生意。

無奈事與願違，小莉並沒有接到案子。因為，她的報價比另一同行高了3%。

「怎麼可能？我不是把一些參考價格給妳了嗎？雖然不是真正的價格，但也差不多。妳是怎麼算的？就算報高了，也不可能差這麼多啊！」鳳姐是第一個發聲的。

小莉心裡很難過，面對著鳳姐的責備，更覺對不起她的好意，以及大家的幫忙。不過，主管倒是安慰小莉，要她再接再厲，不要氣餒。

為了徹底檢討，小莉把之前送給大客戶的企劃案、報價單以及所有資料，重新看過，並逐一整理、核對。這才發現，提出的報價有部分被調整過了。這部分當初不是拜託鳳姐整理的嗎？而且我也核對、更改過，怎麼最後會以討論前的較高價格報出呢？小莉幾乎不敢相信自己的眼睛，會是鳳姐弄錯嗎？小莉繼續看著資料，逐一比對每筆金額，她很快就知道答案。原來是鳳姐暗中動了手腳，扯她後腿。

小莉難以置信，一向最照顧自己的鳳姐，竟然會做這種事。原來同事間的競爭，是在私下較量著。這件事，給小莉上了寶貴的一課。

## 業報若為「休、囚、死」顯現於「事」之象意

1、易養成酗酒、吸毒、飆車等不良嗜好，不愛惜身體，有自戕、出賣色相之虞，誤診延醫，日夜顛倒、三餐不正常、飲食不節制、不喜運動保健、不留意身體之病兆、相信偏方祕方、不喜打扮、穿著隨便、品味不高、逞強而損傷身體。

2、不喜與人往來、獨來獨往、不參與公共或慈善活動、常因細故與人爭執結怨、對同事及朋友之喜喪婚慶不參與、不關懷、不幫忙，喜搬弄是非、得理不饒人。

3、不過問家人之事、不關心宗親族人之活動、不理家中之財務經濟狀況、自私自利。

4、得過且過無心於工作事業、不喜歡與人合作共事、揮霍無度不知規劃節制、不宜合夥、文書契約之事惹上官司或損財、有毀約或中止合作之虞、遭同業或同事中傷而有損失、計劃不周全、誤信讒言造成錯誤之判斷。

5、修行觀念態度偏差，易受迷惑而走偏道，功課修行喜花俏、虛妄、投機、不切實際、想一步登天追求速成，與同修道侶常起爭執。

## 3. 休囚死顯現於「時」之象意

### 沖喜神

小叔終於要結婚了，千挑萬選，選了個台北姑娘當老婆。而我們家老二，正逢三、四歲活蹦亂跳的年紀，正巧可以當小嬸的花童。就這麼決定，精心打扮，把小乖繫上蝴蝶結就可以上路了。週日一早，我們遠赴台北去迎娶新娘。大家都很高興，尤其是小乖頭一回當花童，更是雀躍不已。

婚禮在緊湊中進行很快就入洞房，再過個喜宴，即可大功告成。可是這時候，我才發現小乖，眼神變得無精打采，連吃飯都沒辦法，莫非是感冒了，不然怎麼會差這麼多，趕緊抱起小乖量體溫，卻未發燒，但是整個氣色、精神全走樣了，好不容易熬到結束，回到家裡，虔誠篤信恩主的媽媽，一眼就瞧出了小乖的異樣，告訴我小乖不是感冒，一定是沖犯到了，這只能求恩主幫忙，事不宜遲，要盡快。

隔天小乖上吐下瀉無法起床，慌亂的我趕忙帶去就診，醫生要我們馬上讓小乖住院，得了肺炎，遲不得。我們夫婦倆，馬上向學校請假，全心全意照顧小乖，也趕緊抽身來台中的玄門道場，請示恩主，結果，仙佛的答案，令我們夫妻倆大為吃驚。恩主指示小乖較貴氣，沖到喜神，要趕快取衣做七星燈制解。懷著驚訝又不安的心情回到醫院，希望能如恩主說的，制解了就會逐漸平安了。

天一亮，不是很熟睡的我，趕緊看了一下小乖，只見他很安祥，像在作夢一般，神情快樂的很。我的心情輕鬆了一半，約莫八點多，小乖醒來就吵著肚子餓，這真是令我驚奇，小乖從週日的婚禮就沒胃口，至今都一天半，現在突然大吵著肚子餓。下午，小乖就恢復以往活潑的神情，一直吵著奶奶要帶他出去走走。這短短幾個小時的變化，真是差太多。醫生也很驚訝，小乖年紀還小，身體也不是壯壯的那型，怎麼這麼快就好了，為了安全起見要我們多住一、兩天觀察，兩天後小乖真的康復出院了。

經過這次的教訓，我才知道媽媽為什麼這麼篤信恩主。當今，時下的年輕人，大都受新式的教育，觀念上與長輩大不相同，對古老的一些習俗、農民曆、祭拜、收驚等都不熟也不信。小乖沖喜神，讓我回想起，以前媽媽曾說小孩會犯小兒關煞，婚喪喜慶都要避免的。可惜我們都不十分相信，且當耳邊風，所以才有今天這個慘痛的經歷。現代的年輕父母呀！不得不謹慎想想，或許你也和我一樣呢！

## 業報若為「休、囚、死」顯現於「時」之象意

1、易受傳染、體弱多病、病難癒或治療時間長、免疫力差、抵抗力弱、身體機能失調、易被誤診或延醫、運勢差、意外血光不斷。

2、人緣差、氣勢弱、人際關係難以拓展、競選失利、因時而誤事、失去朋友信任、常因誤時而得罪人、時運不濟、朋友遠離。

3、家道中落、家運差、家人常因活動之日期時程爭吵、陽宅有運退之虞（不得時運）、家人心結難以解開（時機不對）、家人常有口角是非。

4、事業運勢差、投資失利、產品退流行潮、競爭力弱、事業之拓展時機不知把握、升職時運差難如願、決策倉促匆忙、未能把握產品或企劃推出之時機。

5、難聞正信正道之教義、無修行之機緣、拜師入門之時機不對難如願、易誤入歧途迷失方向、未能把握天時之契機精進力行、不知順應天時大道自然之運行法則而耽誤職責使命。

## 4. 休囚死顯現於「地」之象意

### 影響子孫無法置田產的故事

仙佛鸞示時，曾說過一個事例：日據時代有一個鄭姓老伯，一生務農，也懂一點漢文。鄭老伯常想：「我一生沒做錯什麼事，死後就算不能成仙，至少也不會下地獄。」但沒想到死的時候，不僅牛頭馬面將他戴上腳鐐手銬，甚至也入受無間獄苦。鄭老伯百思不得其解，哀呀、嘆呀，為什麼自己會受此業報呢？

後來在祖先超拔法會中，他看到自己的子孫（現為玄門法門的門下生）跪求英年早逝的父親，能放下一生沒有置田產的不甘與罣礙時，才恍然大悟，原來自己生前到底做錯了什麼才會受此之業苦，甚至連累到自己的子孫一生都無法置田產。

原來鄭老伯生前因為懂漢文，所以有一次他的好友買土地時，就拜託鄭老伯幫忙寫文書。這時鄭老伯僅聽好友片面之詞，就將一賴姓人家靠以維生的土地寫入好友名下，好友說：「我們是好朋友，難道你信不過我嗎？何況我是個讀書人，而賴姓人並不識字，今天有所爭執，難道是我這個讀過書的人不講理嗎？」鄭老伯心想也有道理，就呈文強將賴姓人的土地轉到好友名下，此事造成賴姓人一家九口從此貧苦一生。事後鄭老伯雖稍覺有錯，但左思右想又覺得自己應該不會錯，但沒想到就是因為自己的誤判而造成本身入受獄苦不說，竟還甚至連累到子孫一生無法置田產。

鄭老伯從祖先超拔法會中，看到自己的子孫同樣受無法成就田產之苦，終於知道自己的過錯，因為這一念懺悔，才使鄭老伯能解脫獄報之苦，也因此化解了子孫無法置產的業結。

## 業報若為「休、囚、死」顯現於「地」之象意

1、就醫地點方向選擇錯誤，就醫之醫院診所地氣不佳、難找，身體之病因來自祖靈或無形靈祇之干擾。

2、朋友聚會之地點錯選或難選或猶疑不定，鄉親鄰里排擠無助力，拓展人際關係地點不對，目前處境人緣不佳、朋友無助力。

3、陽宅氣弱、地價增值難、居家環境髒亂、有形煞、有靈祇之干擾、家人心緒不寧、幻想不安、精神不佳、驚恐煩躁、脾氣暴戾、祖靈難安、冤結糾纏。

4、公司廠房不得地運之助、機器設備常當機損壞、設廠地點選擇錯誤、廠房土地獲利難、交通不便成本加重、上班地點待不住、令人難安氣氛不佳。

5、修行之處所不得地脈旺氣之助、難以長住久留、心常受干擾難平心靜氣。

## 5. 休囚死顯現於「物」之象意

### 家家有本難唸的經—爭產風暴

小紫的父親本姓黃，過繼給廖姓做兒子。

廖家在台南是大戶，有許多田產，一部分給祖母家（劉家）的親戚耕種，因為黃家將兒子過繼給廖家，所以廖家也撥出一些田地給黃家耕種。

小紫的父親因廖家全力的栽培，所以國中畢業後即到台北讀書，甚至娶了一位醫生世家的美嬌娘。

小紫家有三姐妹，大姐已嫁人，但娘家的大小事都要管，甚至還讓他先生插手，而小紫的妹妹是自閉兒。

因為小紫家境優渥，就算沒有男丁，但也安穩度日。唯年前小紫的媽媽經醫生診斷為癡呆症；半年前，小紫的父親也因身體不適住院，小紫每天台中、台北通車到醫院照顧父親；父親在加護病房期間，因小紫大姐的堅持，他們還透過關係請師父到加護病房用氣功為其父親加持，但小紫父親的病情仍無起色，且日益嚴重，在住院的期間也因感染而連開五次刀，小紫的大姐不斷的在醫院大吵大鬧，責怪醫生怠忽職守……直到上個月底小紫的父親過世。

更令人不可思議的是，小紫的父親一過世，廖家及黃家所有的親戚，都來悍衛自己既有的權益，爭地爭房產，甚而小紫的大姐、姐夫、姐夫的大姐都出手來搶財產，小紫一人欲哭無淚，不禁直問—到底哪裡出問題了，父親都還沒出殯，母親癡呆、妹妹過動兒，家裡每天吵得都可以拍連續劇了。

最後是小紫的舅舅與阿姨出面來協調，表示廖家的田產就維持現狀，至於小紫媽媽及妹妹的財產由小紫監護，小紫將母親接到台中，白天送日照中心，晚上接回家照顧，妹妹則由她自己選擇要留在台北，還是跟小紫到台中。

但事情仍未結束，因為小紫的大姐不放手，總覺得她是家中的長女，所以母親與妹妹的財產要歸她監護，每天打電話到小紫的辦公室吵鬧，截至目前為止，這段爭產風暴還在持續當中……

## 業報若為「休、囚、死」顯現於「物」之象意

1、醫療器材老舊、功能不佳、藥物過期療效不佳、忽略保健運動美容等器材及藥物之真實功能與效果、濫服成藥、深信偏方祕方、不注重飲食營養、只重價錢不重療效。

2、贈禮或受禮之物品品質不佳，因禮物之選定購買傷及人際關係，吝贈禮物或因禮金得罪朋友。

3、居家佈置之家具、飾品、燈具等物老舊，油垢、灰塵、破損、晦暗、骯髒、擺設零亂不搭調、雜物任意置放。

4、機器老舊、設備破損、產品退時、廢料瑕疵品增多、廠房晦暗、雜亂、氣味難聞、貨物原料任意堆放或任其淋雨曝曬。

5、修行所用一切經本、法器、禮衣、杯筊、神桌、拜墊等，破損、髒亂、老舊、不莊嚴。

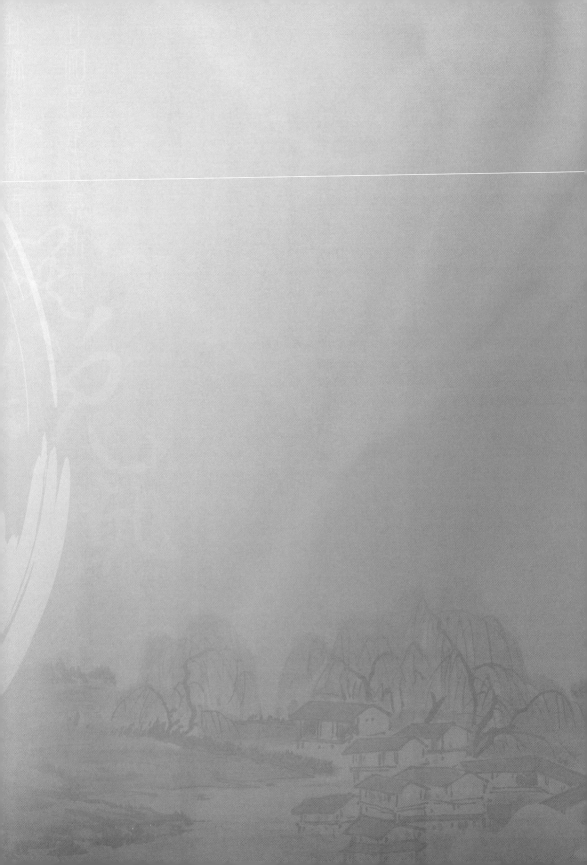

# 第六章 制解篇

「氣味磁場之能量轉換法」，讓您

不再為買錯房子、開錯門而憂心煩惱；

不再為病苦痠痛、藥不離身而苦悶鬱卒；

不再為事業不順、財運難有而萬分痛苦；

不再為考運不佳、升遷無望而束手無策；

不再為婆媳不合、雞犬不寧而感傷哀嘆；

不再為無貴人提攜賞識而失意落寞；

不再為姻緣不良、所遇非人而進退兩難；

不再為口舌是非、小人難防而不知如何是好？

## 第一節 趨吉避凶之原理

「生命頻譜」與累世因緣、轉世而來之國度、業緣果報、執偏習性等因素有其密切之相關性，因此，每個人之生命頻譜有其特有性、獨立性、領域性以及障礙性，就如同廣播電台之設立一樣，每個電台皆有其專業之領域、固定之頻道、發射之功率與範圍，亦有其障礙死角，如何穩定頻率之發射、消除收聽之死角以及增強播放之功率，乃是每個電台努力之方向與目標，而生而為人的我們，如何提升生命頻譜之界域，讓其加深增廣，使其展現生命的特質，激發生命的潛能，以及如何消弭生命頻譜的障礙死角，讓習氣執性之干擾降至最低，讓因業果報之應，能由負向而轉化為正向，此乃今生此世應積極努力不可輕忽之目標。

生命頻譜雖是與生俱來的，有其特定之因緣、投生而來的我們雖然難以作主決定，但是如何讓生命能量提升，讓磁場正向的轉化，是可經過後天的努力與學習而改善調整的，就如同「命」是生時註定，但「運」之曲線卻可經後天之努力而做調整改善的。

生命頻譜雖是可提升與轉化，但應由何處著手呢？又該如何做呢？除了積極改善影響我們今生之三大因素外，亦可藉由氣味磁場之轉化，去改善調整生活之空間、居住之環境、工作之場所的能量，讓自己隨時隨地皆處在正向而積極的磁場中。如此不但能消除生命頻譜之障礙性，更可提升生命之能量，並進而增廣頻譜之界域層級。

## 第二節 改變命運曲線之法則

人的一生，有高低起伏、有得意失意、有順遂坎坷，就如同大自然的一切運行，有白天黑夜、有漲潮退潮、有月圓月缺、有晴天雨天、有夏暑冬寒，所有的起伏盛衰都有因緣與道理的，無須驚恐不安，但也不可麻木不仁，只要保有一顆自在平常之心，嚴肅而恭敬去面對，相信自能扭轉運勢，由衰轉為盛、由驚慌轉為安住、由煩惱轉為清爽。

然而在起伏盛衰的過程中，如何讓盛或起之時間延續持久，而讓衰或落之時間縮短，甚至能維持平而不下滑，是每個人心中的期盼。所謂「醫病要先知其因，對症才能下藥」，因此，想長時間保有盈滿之態勢，就必須深入去瞭解影響人生運勢盛衰與起落之因，當然影響左右人一生的因素林林總總、大大小小，繁多而複雜，其因素不勝枚舉，但總括其要，乃三大主因，即累世因業、祖源、今生行持。若能針對此三大主因，徹底反省、檢討與釐清，進而積極面對、勇於改宜，則不但能跳脫原有命運曲線之干擾束縛與阻礙，也能因此止斷往昔一切惡因之輪流演出，更能預防目前之因所形成之惡，而延續於將來或未來世。

一般人都想趨吉避凶轉禍為祥，然而想達成此目標，實現這願望，也並非沒有方法，只要能針對上述所提出的三大主因，確實調整與改善，相信會有不同於往昔的人生。茲分述其改善調整之法：

祖源方面：如世系釐清、祖牌重整、祖先超渡、保調、祖墳重整等。

累世業緣：解冤釋結法事、開恩赦罪、陽渡、冤親債主之保調等。

今生行持：習氣個性、待人處事、觀念態度、起居作息、生活方式等之調整改善外，尚能藉助顏色、音頻、氣味等外應方式做磁場之調整與轉換。

顏色乃是藉由對穿著或居家之家具、窗簾、床具、被褥、地毯、牆壁之顏色或裝潢之色系的選用，擇其能對生命潛能本質有所助益之色彩。

音頻乃是依音樂的屬性，選擇適合本命或能化解生剋阻礙之樂曲，於適當之方位播放之，藉由音頻屬性來做調整。

再者乃藉助氣味所散發出來的能量，依不同之需求，選擇不同屬性、不同層次的氣能來改變原有不利於己之磁場，經由氣味能量之助，讓生活其中的人體磁能，能感覺其柔順和諧，進而轉換有礙己身磁場之能量，此乃最為上乘之能量磁場轉換法。

# 第三節 從「香」談聖凡雙修的人生觀

一般人談到「香」，直覺聯想到只是用於宗教信仰上的「拜拜」，人們藉著一炷清香的裊裊薰煙，上通神靈，祈請庇佑，更藉著「香」，拉近人與神鬼、祖先之間的距離，更透過「香」的敬拜儀式，抹除人們的恐懼，換來希望平安與祈求。其實，「香」的作用除這種透過香的祈求儀式做為心靈安住與對天地鬼神的崇拜祈願外，尚有從文人雅士玩味的「品香」及宗教修行修法上的「法香」，因此「香」可以說是人與天地、神靈、生命、靈性之間平衡立足的、溝通引導的、融合的物品，也從這裡出發引伸出一個「香」的生命觀主的。

第一、以「尊天法祖」、「敬神」、「拜祖先」為開始的「祈願生命觀」，固有文化傳承的這個尊天法祖的觀念，不但延伸出一連串的宗教儀式、民間信仰儀式，甚至是對於整個生活習性、從生到老死的影響都有著深入密不可分的關係。

第二、以宗教修行、宗教儀式，包括一切習俗活動……等等的仲介者來論香，則是「法香」的概念，舉凡出生的祈福祝禱謝恩，日常生活營祈的祈福、求神、問卜、制厄解煞，到老死送終的喪祀儀式等等都用香來傳達，所以「法香」可以說是固有道統文化傳承裡的一個非常重要的小螺絲釘，也是藉由「法香」的導引點出了整個生命觀的脈絡。

以「品香」、「法香」、「祈願香」而導引出的生命觀有以下幾個重點：

1、強調精神與物質並重的聖凡雙修生命指引。

2、尊天敬地、尊天法祖的精神。

3、慎終追遠、飲水思源的孝道文化。

4、強調天地圓融的陰陽融合思想。

5、重視家庭教育的倫常教育。

「香」可說和我們的生活息息相關，「香」的用途已不限於宗教祭祀，舉凡：靜坐冥想、泡茶品茗、彈奏賞樂、書畫藝文的玩味活動、營造具有靜心的環境、顯示個人的獨特品味，甚至最新有以芳香做為療法等等，無不運用「香」來提升生活品味工具。

再者，玄門真宗教脈所監製之「香」，具有如下之功能：

**1、拉近人與神佛、祖先之間的距離：**

「香」，最初的功能應在祭拜上，人們藉著裊裊薰煙、明光、馨香，上通神靈，祈請庇佑，更藉著「香」，充當人與鬼神的媒介訊息，拉近人與神鬼、祖先之間的距離。

**2、焚香以降禮的祭禮儀式：**

尚書曰：「至治馨香，感於神明。」焚香以降神佛，為祭禮之重要儀式、祀典，或可無酒或可無肉，欲不可乏香，藉其嬝嬝薰香，明光火曲與撲鼻馨芳以通神，引神循香而至，使天地祈祥納福、人神交融為目的。

**3、有安魂定魄的功效：**

人們確信在屋內燃香，能讓待在屋內的人心情祥和、寧靜，有舒壓、穩定情緒、安魂定魄的作用，如能安魂定魄，則陰邪之氣不侵，則百病不生。對於嬰兒驚嚇及夜間啼哭難入眠者，皆具有鎮定之功效而好入眠。

**4、有驅魔治邪、壓煞的功能：**

人們咸信，用裊裊的香薰屋內、衣物、器皿等，有驅魔治邪的功能。人們因喪府沖煞或其他穢氣致使心神不定者，使用此香將可安腦清心，一切障礙污穢之氣，皆可藉由點燃此香來淨化。

**5、怡情之作用：**

「香」在時下的社會，功能面逐漸擴大，早已成為文人雅士煮茶品茗時，透過燃香、煎香的品香；撫琴賞樂、閱讀、靜心休閒、放置香爐，樂聲、馨香交融，襯托出一幅如夢如詩的意境。

**6、保健作用：**

中藥製成的香具有中醫療效，可清淨空氣、提升呼吸品質，進而強化免疫系統，促進血液循環及清肺淨心的效果。中藥製成的香能滋益身心，潤澤臟腑，疏經活絡，百匯暢通，具提神醒腦，增長記憶力、理解力。

**7、穩定磁場、淨化之作用：**

對於一般生活中之修行，上供諸天神佛菩薩，下化諸眾生，遠離魔怨干擾、宿世之冤親，以及因生活周遭環境或磁場所引起的種種不適與變化，使用「中藥製成的香」皆可使修習靜息之人達到安魂定魄及增加智慧而達到開悟之境界。

「香」焚燒會產生氣化，可藉以淨化空間以調節人體生命之機能，五行運氣，並昇華人性之心靈，得以清淨，解脫也。

**8、維持空氣之潔淨：**

如因祭祀神明與祖先燒劣質的香品，則將造成空氣的污染（因會產生懸浮粒子），且影響自己與別人的健康；但如使用中藥材所製成之「中藥香」，則可改善淨化自然空間之氣，更可改善廚房的腥臭味、浴廁的臭氣味，也能使您感覺到舒服清新的好氣味。

## 第四節　如何增強自己的能量提升生命頻譜

我們來自東、南、西、北、中五方之國度，而每個國度皆有其特定之因緣、生命頻譜、人格特質、應修習之功課、應完成之使命、應肩負之職責，亦即各有其優缺點，各有其正向與負向之生命本質，如果能讓正向的本質完全呈現，則成就自是不在話下，然而由於累世因緣或祖源之影響，多數人會受原有習性之牽引，而呈現出負向之本質，因而困擾、不安、磨練便會接踵而至，此乃天道之慈悲，天理之定律，非任何人所能掌控的，因其不俱足、不圓融，所以上天特給一個彌足功課之機緣，期盼能於此生彌足缺欠而能圓融俱足。

為協助大眾都能功德圓滿、俱足而不缺欠，不再徘徊於迷茫之徑，不再浮沉於凡塵之中，不再因業結糾纏而輪迴不止，因此慈悲的恩師仙神特賜一殊勝成就之法－「香法」，亦即以不同氣味之「香」所散發出來的能量來彌足，並化解不同國度而來之業緣牽引，期盼皆能成就於圓融國度之淨域。茲依五方國度分述如下：

來自東方國度之人，若於春天出生，則可於北方、東方或東南方供「寧神香」或「精勤香」；若於夏天出生，則可於北方、東方供「敦仁香」或「百濯香」；若於秋天出生，則可於北方供「百濯香」或「報恩香」；若於冬天出生，則可於東方或北方供或東南方供「寧神香」或「精勤香」，如此不但能改善空間之磁場，同時也可增加自己的生命能量。

來自南方國度之人，若於春天出生，則可於東方、東南方、南方供「結義香」或「寧神香」；若於夏季出生，則可於南方、東方或東南方供「結義香」或「寧神香」；若於秋天出生，則可於南方、東方、東南方供「百和香」或「解業香」；若於冬天出生，則可於東方或東南方供「解厄香」。

來自西方國度之人，若於春季出生，則可於西方或中方供「敘禮香」或「財運福報香」；若於夏天出生，則可於中方供「圓融香」；若於秋季出生，則於西方或中方供「貴人香」或「和諧香」；若於冬天出生，則可於中方、西方供「敘禮香」或「敬信香」，以助生命能量之提升。

來自北方國度之人，若出生於春季，則可於北方、西方供「百濯香」或「敘禮香」；若出生於夏季，則可於北方或西方供「百濯香」或「報恩香」；出生於秋季，則於北方、西方供「精勤香」或「貴人香」；出生於冬季，則可於北方或西方供「精勤香」或「貴人香」，此有助磁場能量之聚積。

來自中方國度之人，若於春季出生，則可於南方供「解業香」；若出生於夏季，則可於中方、南方供「和諧香」或「結義香」；如出生於秋季，則於中方、南方供「敬信香」或「百和香」；若出生於冬季，則於中方或南方供「敬信香」或「圓融香」，如此乃可助能量磁場也。

## 第五節　一個好的「香」氣味能改變你的生命頻譜

人生一世從受孕到出生有許多的註記，這些註記從各自的民間習俗亦或是各自宗教信仰的論點，都代表著對生命的註記，諸如：出生年月日時的八字說、論命的兩數說、星座說、姓名論說…等等，非常多對一個人生命好壞、生剋、特點等論點，而這些對一個人的生命論點註記，所代表的生命位置或高或低或長或短就是「生命的頻譜」，除了這些外在的註記外，尚有來自內在個人與生俱來的特質或習性，這些也是生命的頻譜的範籌。

「生命的頻譜」像是樂章的五線譜，演奏出高低輕重的旋律，也是人生成功幸福快樂或失敗坎苛坷痛苦起伏的註記，而這生命頻譜的起伏不會是永遠如此，他是可以透過內在外在修行調整改變的。

生命的頻譜是蘊藏在每個人生命底層的密碼，屬於自己的生命根源，進而決定人生目標、天賦潛能、家庭關係、財富、健康、人際關係…等。因此，學習理解、調整生命的頻譜是可以強化生命的能量、人生命運之路、累世命格等等。

香的氣味層次是法界的界域代表，因此香的氣味代表法界的界域，也代表住著哪一位神聖仙佛，這是法界的界別定律。想要禮拜神聖仙佛就必須用更好的香氣來敬拜，這樣才能上達諸天神佛，獲得諸天神聖仙佛的庇祐。想要敬拜供養神聖仙佛，就需要用更好的「香」氣味來供養，這在很多經典都有詳實記載。

相同的，香的氣味層次也是人的內在靈性的一種代表，每一個人對香氣味的喜好愛惡也都不同，但這其中能統括的分為一定特質的人會喜好一定的香氣味，尤其，智慧靈敏的人對更好更清香的氣味喜好覺知，更明顯的偏好，因此，透過香氣味的品聞薰脩，甚至是環境中的氣味薰染，是可以調整改變一個人的習氣、個性甚至進一步使智慧靈性能增長，這就是透過香氣味改變人的生命頻譜。

再者，想要在環境中的氣味薰染，來改善陽宅的磁場或促使相處於同一室的人能有共同的理念、同心努力，甚至化解彼此的爭執對治就需要用更好的「香」氣味來薰染。

# 第六節 人與人對待之改善方法

人與人相處，不管是父子、母女、夫妻、兄弟、姐妹、婆媳、叔姪、翁婿、妯娌、師生、朋友、同事、上司與下屬，甚至是萍水相逢一面之緣之人，其關係有和諧的、有爭吵的、有親切的、有仇視的、有互助互成、彼此提攜相挺，亦有暗箭傷人欲置對方於死地的，凡此種種之對待，除受因業果報之應外，亦因來自國度之不同，而各有不同之人格特質、生命頻譜及習氣個性，而此特質或頻譜有相近相吸的，亦有相斥不相容的，然而既然「來了」，就應瞭解自己之特質頻譜，也應認識他人之本質特性，一來可因瞭解而相互包容，所謂「知性可同事」，二來也可尋求化解改善彼此相互排斥之方法，讓自己由執偏而趨於中正，讓待人處事更臻圓融，這些就是此生應修必修之功課，不是嗎？

與親朋戚友之相處對待，除學習包容互相關懷外，亦可藉由生活環境磁場能量之轉化改變，而化暴戾為祥和。茲依來自國度之不同特性，分述改善之法如下：

來自東方國度之人與來自西方國度之人，可於家中北方或上班地點之北方，供燃「百濯香」或「報恩香」以其特殊功效之氣味來轉化磁場。

來自北方國度與來自南方國度之人可於家中東方供燃「敦仁香」或「解厄香」。
來自中方國度與北方國度之人可以家中之西方供燃「敘禮香」或「財運福報香」。
來自東方國度與中方國度之人可於家中之南方供燃「百和香」或「解業香」。
來自南方國度與西方國度之人可於家中之中方供燃「敬信香」或「圓融香」。

# 第七節 如何提升住宅之能量

## 1.改善居家環境磁場，提升住宅能量之方法

住宅的環境品質、室內之裝潢擺設、房子之坐向、神明的安奉、房間、瓦斯爐、大門及床鋪的方位，甚至室內家具、床鋪、窗簾、牆壁之選用色系，皆會影響居家之磁場，若是定位擺設皆良善，則所形成之磁場，一定是能量俱足和諧而安祥的，如此生活在此住宅之人，無論是身體健康、人際關係、事業經營、家人相處、思想觀念、家庭運勢……等等，一切皆是正向之發展。反之，則會有不想回家、病痛纏身、精神不振、工作不順遂、家人常爭執、與朋友同事相處關係不佳、難有上司長官賞識、家運下滑等等之現象，也許有人會持懷疑之態度，心裡總想「有那麼嚴重嗎？」是的，住家之磁場的確能影響或左右人一生之成敗，試想當我們處在一個磁場能量俱足、安祥寧靜、清爽舒適、空氣新鮮的環境，是否感覺心情甚佳、精神爽朗、思緒清晰，如同置身仙境一般，讓人之身、心、靈皆是無比的寧靜和諧而安住呢？而若是處在髒亂無章、垃圾滿地、臭氣沖天的環境，任誰也難以久留，真想馬上離開。

「孟母三遷」的故事，想必大家都耳熟能詳，然而孟母所選擇的只是外在能看得見的環境，至於宅場磁場能量之影響，則非一般人用肉眼就能辨識。或許有人說，現在房價之高，非平民百姓、升斗小民所能負擔的，想要換房子改變居家環境之品質與磁場能量，真是緣木求魚，比登天還難，「非不為也，是不能也」。的確，要想擇良屋而居，的確是令人甚是為難，也許有「術師」會建議改大門、換床向或重新裝潢，是的，此看來比換房子之工程小了些，然而以現在住宅坪數的大小而論，想改方向、想換位置，也是困難重重，適合的方向或位置不是出入不便就是空間有限，如此說來，只有坐以待斃自哀自嘆嗎？當然不是，上天總是悲憫云云眾生，在眾人束手無策時，特降一殊勝之法，來助困擾憂煩受苦之大眾解決此一難題，勿需移門換向，也不需挖壁鑿洞，只需用特殊之氣味，便能轉換住宅之磁場，此法不但能將磁場之戾氣轉為祥和，而且能提升良善和諧之磁場，讓其能量更加充足，心動了嗎？請繼續往下看改善之法則。

## 2.「陽宅坐向不合人命」之調整改善方法

一、**「乾命」之人陽宅是「坐北向南」、「坐東向西」、「坐東南向西北」、「坐南向北」者宜：**

1.西南方供燃和諧香。
2.東北方供燃和諧香。
3.西方供燃百濯香或報恩香。
4.西北方供燃報恩香。

二、**「兌命」之人陽宅是「坐北向南」、「坐東向西」、「坐東南向西北」、「坐南向北」者宜：**

1.東北方供燃和諧香。
2.西南方供燃和諧香。
3.西北方供燃百濯香或報恩香。
4.西方供燃百濯香或報恩香。

**三、「震命」之人陽宅是「坐西北向東南」、「坐東北向西南」、「坐西南向東北」、「坐西向東」者宜：**

1.南方供燃寧神香。
2.北方供燃財運福報香。
3.東南方供燃報恩香。
4.東方供燃精勤香或寧神香。

**四、「巽命」之人陽宅是「坐西北向東南」、「坐東北向西南」、「坐西南向東北」、「坐西向東」者宜：**

1.北方供燃精勤香或寧神香。
2.南方供燃結義香。
3東方供燃百濯香或報恩香。
4東南方供燃精勤香或寧神香。

**五、「艮命」之人陽宅是「坐北向南」、「坐東向西」、「坐東南向西北」、「坐南向北」者宜：**

1.西北方供燃和諧香。
2.西方供燃和諧香。
3.西南方供燃百和香和解業香。
4.東北方供燃解業香。

**六、「坤命」之人陽宅是「坐北向南」、「坐東向西」、「坐東南向西北」、「坐南向北」者宜：**

1.西方供燃和諧香。
2.西北方供燃和諧香。
3.東北方供燃百和香或解業香。
4.西南方供燃解業香。

**七、「坎命」人陽宅是「坐西北向東南」、「坐東北向西南」、「坐西南向東北」、「坐西向東」者宜：**

1.東南方供燃精勤香。
2.東方供燃百和香或解業香。
3.南方供燃圓融香或敬信香。
4.北方供燃精勤香。

**八、「離命」人陽宅是「坐西北向東南」、「坐東北向西南」、「坐西南向東北」、「坐西向東」者宜：**

1.北方供燃寧神香或敦仁香。
2.東方供燃寧神香。
3.東南方供燃百和香或解業香。
4.南方供燃寧神香。

註：欲查自己是屬於「何種命」者，請參考下列圖表。
出生年指的是中華民國幾年：

| 出生年 | 男命 | 女命 |
|---|---|---|
| 01 | 兑 | 艮 |
| 02 | 乾 | 離 |
| 03 | 坤 | 坎 |
| 04 | 巽 | 坤 |
| 05 | 震 | 震 |
| 06 | 坤 | 巽 |
| 07 | 坎 | 艮 |
| 08 | 離 | 乾 |
| 09 | 艮 | 兑 |
| 10 | 兑 | 艮 |
| 11 | 乾 | 離 |
| 12 | 坤 | 坎 |
| 13 | 巽 | 坤 |
| 14 | 震 | 震 |
| 15 | 坤 | 巽 |

| 出生年 | 男命 | 女命 |
|---|---|---|
| 16 | 坎 | 艮 |
| 17 | 離 | 乾 |
| 18 | 艮 | 兑 |
| 19 | 兑 | 艮 |
| 20 | 乾 | 離 |
| 21 | 坤 | 坎 |
| 22 | 巽 | 坤 |
| 23 | 震 | 震 |
| 24 | 坤 | 巽 |
| 25 | 坎 | 艮 |
| 26 | 離 | 乾 |
| 27 | 艮 | 兑 |
| 28 | 兑 | 艮 |
| 29 | 乾 | 離 |
| 30 | 坤 | 坎 |

| 出生年 | 男命 | 女命 |
|---|---|---|
| 31 | 巽 | 坤 |
| 32 | 震 | 震 |
| 33 | 坤 | 巽 |
| 34 | 坎 | 艮 |
| 35 | 離 | 乾 |
| 36 | 艮 | 兑 |
| 37 | 兑 | 艮 |
| 38 | 乾 | 離 |
| 39 | 坤 | 坎 |
| 40 | 巽 | 坤 |
| 41 | 震 | 震 |
| 42 | 坤 | 巽 |
| 43 | 坎 | 艮 |
| 44 | 離 | 乾 |
| 45 | 艮 | 兑 |

| 出生年 | 男命 | 女命 |
|---|---|---|
| 46 | 兑 | 艮 |
| 47 | 乾 | 離 |
| 48 | 坤 | 坎 |
| 49 | 巽 | 坤 |
| 50 | 震 | 震 |
| 51 | 坤 | 巽 |
| 52 | 坎 | 艮 |
| 53 | 離 | 乾 |
| 54 | 艮 | 兑 |
| 55 | 兑 | 艮 |
| 56 | 乾 | 離 |
| 57 | 坤 | 坎 |
| 58 | 巽 | 坤 |
| 59 | 震 | 震 |
| 60 | 坤 | 巽 |

| 出生年 | 男命 | 女命 |
|---|---|---|
| 61 | 坎 | 艮 |
| 62 | 離 | 乾 |
| 63 | 艮 | 兑 |
| 67 | 兑 | 艮 |
| 65 | 乾 | 離 |
| 66 | 坤 | 坎 |
| 67 | 巽 | 坤 |
| 68 | 震 | 震 |
| 69 | 坤 | 巽 |
| 70 | 坎 | 艮 |
| 711 | 離 | 乾 |
| 72 | 艮 | 兑 |
| 73 | 兑 | 艮 |
| 74 | 乾 | 離 |
| 75 | 坤 | 坎 |

| 女命 | 男命 | 出生年 |
|---|---|---|
| 坤 | 巽 | 76 |
| 震 | 震 | 77 |
| 巽 | 坤 | 78 |
| 艮 | 坎 | 79 |
| 乾 | 離 | 80 |
| 兑 | 艮 | 81 |
| 艮 | 兑 | 82 |
| 離 | 乾 | 83 |
| 坎 | 坤 | 84 |
| 坤 | 巽 | 85 |
| 震 | 震 | 86 |
| 巽 | 坤 | 87 |
| 艮 | 坎 | 88 |
| 乾 | 離 | 89 |
| 兑 | 艮 | 90 |

| 女命 | 男命 | 出生年 |
|---|---|---|
| 艮 | 兑 | 91 |
| 離 | 乾 | 92 |
| 坎 | 坤 | 93 |
| 坤 | 巽 | 94 |
| 震 | 震 | 95 |
| 巽 | 坤 | 96 |
| 艮 | 坎 | 97 |
| 乾 | 離 | 98 |
| 兑 | 艮 | 99 |
| 艮 | 兑 | 100 |
| 離 | 乾 | 101 |
| 坎 | 坤 | 102 |
| 坤 | 巽 | 103 |
| 震 | 震 | 104 |

| 女命 | 男命 | 出生年 |
|---|---|---|
| 巽 | 坤 | 105 |
| 艮 | 坎 | 106 |
| 乾 | 離 | 107 |
| 兑 | 艮 | 108 |
| 艮 | 兑 | 109 |
| 離 | 乾 | 110 |
| 坎 | 坤 | 111 |
| 坤 | 巽 | 112 |
| 震 | 震 | 113 |
| 巽 | 坤 | 114 |
| 艮 | 坎 | 115 |
| 乾 | 離 | 116 |

| 女命 | 男命 | 出生年 |
|---|---|---|
| 兑 | 艮 | 117 |
| 艮 | 兑 | 118 |
| 離 | 乾 | 119 |
| 坎 | 坤 | 120 |
| 坤 | 巽 | 121 |
| 震 | 震 | 122 |
| 巽 | 坤 | 123 |
| 艮 | 坎 | 124 |
| 乾 | 離 | 125 |
| 兑 | 艮 | 126 |
| 艮 | 兑 | 127 |
| 離 | 乾 | 128 |

## 你的房子乾淨嗎？

對一般人來說購屋置產、建立一個屬於自己的家，不僅是人生的重大目標、令人非常期待的事，也可能是一輩子最大的心願。可是你知道嗎？如果買到有問題的房子（也就是一般所謂的不乾淨的房子），往往會為住在這個房子的人帶來不好的影響，甚至發生不幸、意外、家庭糾紛……等事故。因此為了避免買到「不乾淨」的房子，在購屋前請專業的老師堪輿就顯得非常重要了，以下我們將告訴您一個因為買到「不乾淨」的土地來蓋房子而遭遇不幸的真實事例，以供大家參考。

家住中壢的阿忠，已婚生有二子，為了實現擁有自己房子的夢想，每天都工作得非常勤奮。後來阿忠的岳父為了幫他實現夢想，就出錢買了一塊地讓阿忠自己蓋，不過買地前他們並未請人事先堪輿看看是否地有問題就買了。

滿懷喜悅的心情，阿忠一家人高高興興的搬進了新家，這時的阿忠真是心滿意足。但漸漸地事情開始變得不對勁，首先雖然外面是出著太陽的大熱天，但只要一進家門就覺得冷得需穿外套，接著家人也開始生病，終年流著鼻水。一件一件離奇的事接連發生，雖然讓阿忠感到奇怪，但卻沒因此讓阿忠產生任何警覺，直到一向疼愛阿忠的岳父竟沒來由的突然死亡，才讓阿忠在悲痛之餘，驚覺到一定是有什麼地方不對勁。於是阿忠請來了一位堪輿老師，不僅在家裡制煞，也安了三尊神明。可是情況並沒有絲毫的好轉，就在這時，阿忠的弟弟介紹他至彰化之玄門道場叩問。

經過恩主指示才知道問題是出在阿忠岳父買給阿忠蓋房子的那塊地，原來那塊地是之前地主埋葬父母的墓地，後來雖然墳墓遷走了才賣給阿忠的岳父，但前地主的父母並沒有跟著離開而是守著地，認為地還是自己的，也因此造成阿忠一家厄運連連，甚至阿忠的岳父也因而離奇身亡，為了幫助阿忠解決這個問題，道場的老師特地到阿忠家裡設案辦理「讓土買賣」法事；另外也幫阿忠家裡原先安的三尊神明重新開光、安神，因為阿忠家裡安奉的那三尊神像裡面並沒有入神，最後還在阿忠家裡啟設天台、誦經祈福，同時設了一個「戒壇」，用意在召告十方眾生這塊地的範圍內都是阿忠的，「他人」不得干擾、進入。

在辦理上述各項法事後，阿忠的家終於正常了，不再發生怪事、厄運，當然大熱天的進到家裡也不用再穿外套了。在此我們除了祝福阿忠全家從此能一帆風順、否極泰來之外，也再次提醒您買屋置產前一定要請專業的堪輿老師事先堪察，以免買到不乾淨的房子而發生不幸，到時後悔就來不及了。

**化煞—門向之納氣調整改善**

坐北向南的房子：若開門於西北方、東方、南方則可於此三方供「敘禮香」或「財運福報香」。

坐東北向西南的房子：若開門於北方、南方、西南方則可於此三方供「百和香」或「解業香」。

坐東向西的房子：若開門於東北方、西方、南方則可於此三方供「百濯香」或「報恩香」。

坐東南向西北的房子：若開門於西北方、西方、東北方則可於此三方供「百濯香」或「報恩香」。

坐南向北的房子：若開門於西北方、北方則可於此二方供「敦仁香」或「解厄香」。

坐西南向東北的房子：若開門於西北方、西方、東北方則可於此三方供「百和香」或「解業香」。

坐西向東的房子：若開門於西方、東方則可於此二方供「敬信香」或「圓融香」。

坐西北向東南的房子：若開門於東北方、東南方則可於此二方供「敬信香」或「圓融香」。

## 第八節 求讀書考試

### 衝突背後的原因

「有緣千里來相會，無緣對面不相識。」人與人之間的緣分確實很奇妙，有些人看起來就挺舒服，有些人怎麼看就不對盤；有人可以一見鍾情，結為夫妻，也有人因為看不順眼，遭來橫禍。緣分是一道神秘的課題，需要我們慎重對待。

大牛從小功課就很好，總是自動自發的寫作業，努力讀書，完全不需父母操心。除此之外，他的個性開朗、活潑、熱情，和同學相處愉快，也深得老師喜愛。可是，不知道為什麼？大牛升上高二之後，功課便一落千丈，人也變得沈默，不像昔日光彩。他的父母很快就發現異樣，只是無論怎麼問，也問不出所以然。大牛不是輕輕回答：「沒什麼，只是太累了，想休息。」就是說：「因為還不習慣高二的課業，等過一陣子就好了。」

沒想到，有一天大牛媽媽竟然接到學校通知。原來大牛上課時和導師爆發嚴重爭執，如果不是被同學勸開，幾乎要和老師打起來。

大牛爸媽急急忙忙趕到學校，只見大牛鐵青著臉、沈默的站在角落。大牛爸媽還來不及反應……大牛的眼淚就奪眶而出，激動地對他們嘶喊：「我不念了，我要轉學……」

原來，升上高二之後，大牛換了新導師。可是新導師不喜歡大牛，常說話帶刺並且百般挑剔。大牛忍無可忍，終於和導師正面衝突。

大牛爸媽知道兒子沒有說謊。因為，當初他們發現大牛有異樣時，就已暗中向他的一些好朋友探查。所以，對於大牛的情況，有些瞭解。只是，沒想到會這麼嚴重。大牛的父母相當自責，心想：「自己應該早點和大牛談、早點和老師談、學校談。只是談些什麼呢？轉學？轉班？或者是問老師為何不喜歡大牛？問老師要如何才不再討厭大牛嗎？」

## 金榜題名感言

考生蔡〇〇，恭喜您金榜題名！在電話那頭響起兩年來期盼的聲音。在證實確定是自己時，心中激動不已，真是感謝仙佛、恩主的慈悲，讓我如願考上了。回首來時路，就在兩年前的這個時候，由於與新主任工作理念和方法有落差，毅然決然辭去一個月三萬多的待遇，全心準備高普考試，由於自己所選擇的幾乎是一條最困難的路，也是一項不可能的任務，因此父母並不十分贊同。這兩年來，父母跟著我起起落落，為我擔心，但由於我的堅持，父母也只得默默接受。煩憂苦悶的我，心想只有考上才能解決目前的困境，因為唯有考上，父母才可以不再為我煩惱，我也可以好好照顧自己，甚至有能力報答他們。

主意已定，從那時起，我便過著儉樸的生活，在逢甲租屋，為減輕生活的負擔，我降低自己所有物慾，成了名副其實的「特價品」擁護者，畢竟我付出的代價頗高，一年不但少賺四十萬，還要多花至少十萬，加總起來共五十萬之多，然而這些我都不以為苦，畢竟這是我的決定，決定讓自己重新在大學聯考失利的陰影中站起來，不再害怕任何大型考試，並藉此來肯定自己。但一年多以來我參加任何高考、普考、基層特考，只要有考試通通參加，結果總是以些微差距落榜，甚至自己覺得最有把握的科目，分數卻是最低，就這樣浮浮沉沉，一路顛簸走過，深感考試這條路，是漫長而孤獨，隨著歲月的流逝，我的壓力一年比一年大，心中也更加恐慌，前途茫茫，不知何時能登上成功的彼岸。

直到偶然的機緣結識了彰化的玄門道場，一切才有了改變，有著奇妙的感應。在學姐的介紹下，我一人獨自前往道場，在道場看到了熱情有活力的師姐，個性率真的師兄，十分親切，而經由當天叩問儀式，在仙佛恩主聖示：設案解冤釋結、功德迴向能化解無形的阻礙。隔天即舉行解冤釋結法會並參加當晚共修，共修前的空檔跟著師姐拖地，師姐告訴我：義工活動有助心願達成。而共修時，仙佛慈悲的勉勵我們要放下心中的一切，聽到此話時，我的眼淚不由自主的流下，心中的苦悶，頓時得到了紓解的出口，當完成法事後，心中更獲得了未曾有過的平靜，從此讀起書來更加起勁快樂。玄門道場的師尊上課提醒大家要廣結善緣，得此啟示後，以前封閉的心，也逐漸打開了，每次到道場參加共修，我都會先看掛在牆上的「聖凡雙修十大宣言」，其中第六條－「生活營求盡責努力，不入功名利祿得失束縛。」令我感觸頗深，而我也不斷要求自己努力以平常心來看待考試這件事。

考試在即，機會百分之六十五，老師建議我祭光明斗，以光明斗的功效來轉化。祭斗後，心靈無比的平靜，這是我參加考試以來，未曾有過的感受，老師說：這是因為心靈有了寄託，心中踏實了。考試後，想到彰化的玄門道場叩杯總圓滿謝斗，但由於自己沒有交通工具，於是坐火車轉公車再徒步前往，雖然麻煩不便些，但最後還是到了彰化的玄門道場，這證明了只要有心，一定能到達目的地。

現在回想起來，才體會到原來仙佛恩主要我做的每件事，都是有意義的。藉由這些活動，慢慢渡化我，讓自己用心去感應，學會一關一關調整自己，改變自己。經由這次的考試，我學會了許多事，也改變了許多人生觀念，懂得付出，以快樂歡喜心去看待每件事，迎向人生的光明面，並從此肯定自己，充滿信心，發現自己的力量，更發現原來有能力去幫助別人是件快樂幸福的事。

宗教是勸人向善的，只要瞭解其中真義，就可以破除所謂迷信一說。感謝仙佛恩主慈悲、引領我走向人生坦途，也感謝老師、師姐、師兄們的幫忙與鼓勵和關心，把這一份感謝的心，化成幫助別人的心，這是我此刻新的體認，相信雪中送炭，會為人間帶來溫暖溫情。在此和大家分享我的喜悅，還是要再次感謝仙佛恩主的慈悲。

讀書考試篇

房子坐北向南者：可於宅之東南方供「百濯香」或「報恩香」。於宅之東北方供「敦仁香」或「解厄香」。

房子坐東北向西南者：可於宅之西南方、北方供「百和香」或「解業香」。

房子坐東向西者：可於宅之南方供「敦仁香」或「解厄香」。於宅之西北方供「百濯香」或「報恩香」。

房子坐東南向西北者：可於宅之北方供「敦仁香」或「解厄香」。於宅之中方供「百濯香」或「報恩香」。

房子坐南向北者：可於宅之東方、南方供「敦仁香」或「解厄香」。

房子坐西南向東北者：可於宅之東北方供「百和香」或「解業香」。於宅之西方供「百和香」或「解業香」。

房子坐西向東者：可於宅之西北方供供「百濯香」或「報恩香」。於宅之西南方供「百濯香」或「報恩香」。

房子坐西北向東南者：可於宅之西方、東方供「百濯香」或「報恩香」。

## 第九節 求姻緣可成

### 問世間情是何物，直教人生死相許

南部有一位楊姓女子，考上大學後為免舟車勞頓，學校、家裡來回奔波，父母同意其搬至學校宿舍居住大學階段。

學費昂貴再加上生活及住宿費用亦花費不小，對父母而言實在是一大負擔，然而父母不想讓女兒有所憂煩操心，只希望女兒能安心讀書，因此一切的花費開銷都由父母全數供給，也因為如此，所以楊女於大學階段過得無憂且愜意的日子。

大一時認識了李姓的同班同學，兩人一見面就情投意合，在一起時快樂又甜蜜，每天幾乎都黏在一起，如此之情不知羨煞了多少同學，歡樂時光總是過得特別快，一轉眼的工夫，半年的甜蜜時光已匆匆而過。

就在此時，楊女發覺男友變心了，且又有新交的女友，昔日的濃情蜜意已成追憶，從前的甜言蜜語已成空話。

七月的某天相約欣賞夜景，沒想到男友不但相應不理，竟然還帶著新女友到楊女面前炫耀，並且不客氣的對楊女數落一番，士可忍孰不可忍，楊女怎能嚥下這口怨氣，又怎能默默的承受如此無情的打擊，由怨而恨、由悲而哀、由理智而至抓狂、由瞋怒而至心死，終於在失去理性想不開下，從樓上一躍而下，結束了青春年華。

## 求姻緣可成篇

房子坐北向南者：可於宅之南方供「敬信香」或「圓融香」。
房子坐東北向西南者：可於宅之西方供「敬信香」、「圓融香」。
房子坐東向西者：可於宅之東南方供「百濯香」或「報恩香」。
房子坐東南向西北者：可於宅之東方供「百濯香」或「報恩香」。
房子坐南向北者：可於宅之北方供「敘禮香」、「財運福報香」。
房子坐西南向東北者：可於宅之西北方供「敬信香」、「圓融香」。
房子坐西向東者：可於宅之東北方供「敬信香」、「圓融香」、「敘禮香」或「財運福報香」。
房子坐西北向東南者：可於宅之西南方供「敬信香」、「圓融香」、「敘禮香」或「財運福報香」。

## 第十節 求子

### 有子有子命，無子天註定

小惠有個愛喝酒，但不愛賺錢的父親。小惠父親從年輕開始，就很少賺錢養家。家裡的開銷用度，幾乎都是靠小惠母親做手工來支撐。這樣的生活，當然辛苦。但最令小惠一家人痛苦的，並不是經濟上的拮据，而是小惠父親一喝起酒來就會打老婆、罵小孩。有一次，練過拳的叔公看不過，把小惠父親「教訓」一頓，他才稍微收斂。不過，小惠父親還是一樣：愛喝酒、愛發酒瘋，但不愛賺錢。所以，小惠的家人都很討厭他。

時間過得很快，小惠和兄長們都長大了，當然小惠父親也變老了！不過，由於飲酒過度，所以小惠父親的健康狀況很糟，時常生病。而因為他早已傷透家人的心，所以根本沒人理會，任由其生病受苦。大家嘴裡不說，但心裡都希望他早點死。這也難怪，即使只剩半條命，小惠父親仍然愛喝酒、愛發酒瘋。

這時候，早已遠嫁他鄉的小惠出現了。她帶著父親四處求醫治療，也到處求神保佑。或許是小惠的孝心感動天吧！他父親竟然日漸好轉。知道的人都說：「要不是小惠，那傢伙早就沒命了。」只是，大家在讚嘆小惠之餘，也不禁討論著難解的疑惑？

原來，小惠結婚多年，卻一直無法生育。

大家不解：「為什麼小惠父親這麼壞，卻有個孝順的女兒？而小惠這麼孝順，卻苦於無法生育？為什麼小惠父親這麼老、身體這麼糟，醫生救得了？神明也保佑？但小惠這麼年輕、身體這麼健康，醫生卻幫不了？老天爺也不保佑？」

可是，果真如此嗎？

難道，真像大家所說：「歹竹出好筍」、「好人不長命，禍害遺千年」？

難道，真像大家所說：「有子有子命，無子天註定」、「財子壽，難得求」？

或許，有些事我們想不透；也或許，有些事我們無法馬上得到答案。但無論如何，小惠的孝順，不也帶給大家正面的意義！足以為大家表率！

## 惱人的傳統觀念—重男輕女

固有傳統傳承觀念中以男丁為當然的傳嗣名分與責任，也因此形成了重男輕女的觀念，以前的人因為重男輕女的觀念，常常為了求得一子而一生再生，甚至成為男人討妾外遇的理由，這不僅對女生造成嚴重的傷害與壓力，也因此發生溺嬰等不幸事件。現代人由於知識普及、社會型態改變、思想自由……等因素，已逐漸走出這項「包袱」，而有「男女平等」的說法。但其實要真正做到「男女平等」並非一朝一夕之事，畢竟那是中國人歷經五千年的傳統思想，我們只能從本身做起，不要帶給自己及別人負擔。可是當我們面對長輩甚至是祖先的期待時該怎麼辦呢？本文並非要強調生男孩有多重要，而是僅就真實個案提供大家一個思考的空間。

孫先生是家中的獨子，與太太結婚後生下一女。其實孫先生是很高興的，因為他並沒有什麼重男輕女的觀念，反而因為女孩會撒嬌，所以孫先生比較喜歡女孩。一年一年女孩漸漸長大了，可是孫先生卻沒有再有小孩的喜訊，雖然夫妻倆很努力，也看了很多醫生可是就是沒辦法「做人成功」。就在孫先生想要放棄再生小孩的念頭時，他開始夢見死去的老奶奶追著他要抱「男曾孫」，由於經常做這個夢，讓孫先生不知如何是好？也不是他不想要，更不是他們夫妻不盡力，然而就是生不出來又有什麼辦法呢？

於是孫先生就前往彰化的玄門道場叩問諮商，請示仙佛他該怎麼辦？以下的解答重點提要提供各位思考：

1、生男生女的問題，在目前科學昌明的研究下，早已知道其實並非單一只有女方的問題，而是男女雙方面的問題，如果從身體的問題去追蹤，男女都應該勇於面對，相信醫生，做徹底的檢查與調整。

2、在諮商過程中，有很多的累積經驗告訴我們，除了有形醫生的診治與調整之外，無形的問題也應該去深入的瞭解，而這無形問題含括：祖先的問題、陽宅問題、男女之間的身心情況與相處的問題……等等不一而足，是你必須用心與透過專家來諮商與化解的。

## 求子篇

房子坐北向南者：可於東南方供燃「百濯香」或「報恩香」。

房子坐東北向西南者：可於西南方供燃「百和香」或「解業香」。

房子坐東向西者：可於南方供燃「敦仁香」或「解厄香」。

房子坐東南向西北者：可於北方供燃「百濯香」、「報恩香」、「敦仁香」或「解厄香」。

房子坐南向北者：可於東方供燃「敦仁香」、「解厄香」。

房子坐西南向東北者：可於東北方供燃「百和香」或「解業香」。

房子坐西向東者：可於西北方供燃「百濯香」或「報恩香」。

房子坐西北向東南者：可於西方供燃「百濯香」或「報恩香」。

# 第十一節　求職、升官

## 工作不穩定的阿傑

剛出社會的阿傑，懷抱著滿腔熱血與遠大抱負，希望能找到有前途的工作，發揮專長。不過，他的喜悅心情，很快就因為求職到處碰壁，而跌落谷底。景氣實在太差了，即使阿傑不在乎薪水低，以及工作內容，就是找不到工作。好在「皇天不負苦心人」，半年後，阿傑終於獲得一份由派遣公司提供的臨時工作。

阿傑這時已不計較是否學非所用？是否有發展？只要能找到工作，就已謝天謝地。因此，對於這份得來不易的「臨時工」，阿傑非但不埋怨，還很珍惜。他認真學習，盡力盡責，心想：「只要好好打拚，或許可以得到老闆賞識，成為正式員工。」果真，三個月後，老闆真的任用阿傑為正式職員。阿傑高興極了！只是，不到一年，爆發金融海嘯，阿傑的工廠因為接不到訂單，被迫裁員。由於阿傑年資最淺，所以也在資遣之列。

失業的痛苦不但沒有將阿傑擊敗，反而激起他的鬥志。因此，儘管景氣仍然低迷，但這時的阿傑已有經驗，再加上和先前派遣公司配合不錯。所以，沒多久，便接到一份新的工作。阿傑滿懷幹勁，「上工去了」。

新公司規模不大，但訂單穩定。只是，老闆沒有聘請正式員工的打算。因此，期限一到，阿傑還是得暫時休息，等待下一次的工作機會。好在，阿傑表現優秀，老闆很喜歡他，所以都能很快回去上班。只是面對這種不穩定的狀況，阿傑不免暗自心急。

「認真工作的人有福了」，一天，老闆找阿傑面談，問他願不願意轉調業務人員，雖然性質不同，但可以成為正式員工。阿傑喜出望外，一口答應。

阿傑全力以赴，認真學習，很快就上手，並且成為優秀的業務員。隨著業績蒸蒸日上，阿傑的待遇愈來愈好，職務也往上調升，甚至還帶起新人。

正當阿傑以為可以平步青雲，隨著公司發展而跟著成長時，新的考驗卻又來到。因為，國際景氣惡化，阿傑公司深受影響，所以面臨生死存亡的嚴酷考驗。不僅，製造部門放起「無薪假」，更傳出財務危機的風聲。面對這波不景氣，阿傑公司是否可以安然度過？阿傑憂慮不安的思索著：「公司會裁員嗎？或者更嚴重呢？」阿傑沒有答案，但已嗅到公司「山雨欲來風滿樓」的氣息。

# 老闆，請不要忘了我！

珍珍剛進公司的時候是擔任行政助理，那時公司從老闆、老闆娘到工讀生才十幾個人。因為人少，所以熟得快，溝通容易，感情也很好。不久，老闆發現珍珍的特質：「細心、謹慎、誠實、對數字很有概念，而且知道什麼該說，什麼不該說。」於是，便把珍珍調到老闆娘身邊當會計助理，幫老闆娘處理財務會計的工作。

珍珍很快就成為老闆娘左右手，並且相處愉快。公司業務蒸蒸日上，才兩、三年時間，就擴增為四十幾人的公司。因此，之前的人事制度已不適合現在的營運模式，所以老闆重新劃分部門組織，並調升多人職務。只是，這次的職務調升，珍珍並不在名單之中。

珍珍好失望，同事紛紛安慰她：「老闆一定有安排，妳深獲老闆信任，又是老闆娘的左右手，他們一定不會虧待妳的。」珍珍也是這麼想：「或許，這次老闆娘帶領的會計單位剛成為財務部，所以有很多工作要重新安排，可能過一陣子，就會將我升官！」

只是，左等右等，珍珍就是等不到「財務經理」（由老闆娘擔任）提拔自己的消息。隨著公司業務持續擴展，公司也一直增加人員。目前，財務部已有六名編制，珍珍帶過其中四人。也就是說，除了老闆娘這位「財務經理」之外，就屬自己資格最元老。可是，除了加薪之外，珍珍卻依然「聞風不動」。想想和自己同期進入公司的同事，都已升到課長、副課長，自己卻還在「原地踏步」，不由得焦躁起來。老闆會不會忘了我的存在？而老闆娘呢？我們可是天天見面，該不會對我視而不見吧？

珍珍左思右想，實在不知道為什麼無法獲得升遷。

「公司已超過六十人了，財務部的編制仍在擴編，新的人事晉任名單即將公佈……我要不要先去找老闆娘談談呢？」珍珍不斷自問。

房子坐北向南者：
可於宅之東南方、中方供「百濯香」或「報恩香」。

房子坐東北向西南者：
可於宅之西南方供「百和香」或「解業香」。
西方供「敘禮香」或「財運福報香」。

房子坐東向西者：
可於宅之南方供「敦仁香」或「解厄香」。
東方供「百濯香」或「報恩香」。

坐東南向西北者：
可於宅之北方供「敦仁香」或「解厄香」。
西南方供「百濯香」或「報恩香」。

房子坐南向北者：

可於宅之東方、西北方供「敦仁香」或「解厄香」。

房子坐西南向東北者：

可於宅之東北方供「百和香」或「解業香」。

東南方供「敘禮香」或「財運福報香」。

房子坐西向東者：

可於宅之西北方供「百濯香」或「報恩香」。

東北方供「敘禮香」或「財運福報香」。

房子坐西北向東南者：

可於宅之西方供「百濯香」或「報恩香」。

南方供「敘禮香」或「財運福報香」。

# 第十二節 求財

## 輸掉自己的人生

雖然，每個人都知道「十賭九輸」這個道理；但沉迷賭博的人，卻不這麼認為，他們想著：如果有一天贏了錢，就可以鹹魚翻身、變成有錢人。只是，這些人往往無法如願，甚至輸盡錢財、也輸掉自己的人生。

阿昌從小生活順利。家庭富裕、父母疼愛、功課也很好，大學一畢業就考進知名企業，薪水佳、福利好、有前途。阿昌不到三十歲，就五子登科（房子、金子、車子、妻子、兒子，都有）。

不知什麼時候開始，阿昌喜歡買彩券。他告訴妻子：「如果有一天中了頭獎，那我們就可以退休，還可以環遊世界，做自己喜歡的事。」阿昌老婆回答：「中頭獎當然很好，但我們現在的日子也不錯啊！生活平順，工作穩定，經濟寬鬆……」未等老婆說完，阿昌便插嘴：「妳就是太保守，不跟妳談了。」阿昌繼續埋頭算明牌。

阿昌彩券愈買愈多，而且彷彿上癮似的，整天腦子想的就是彩券，連作夢也在算明牌。現在，一般的樂透彩券、運動彩券已無法滿足阿昌的「需求」。他開始玩起地下彩券，投注金額也節節升高。當阿昌老婆發現時，阿昌已欠下上百萬賭債。為了還錢，他們耗盡積蓄。

阿昌老婆按耐住怒火：「希望你可以記取教訓，從今以後別再玩彩券，否則這個家遲早被你毀掉。」阿昌哈著腰、賠不是，保證再也不賭。

阿昌轉而偷偷玩彩券，經常一次就輸掉整個月的薪水。沒了錢，阿昌只好到處借。他找各式各樣的藉口向父母借錢，也向親朋好友、同學、同事借。最後，紙包不住火，每個人都知道阿昌嗜賭如命，已到無可救藥的地步。

無論老婆如何吵、父母如何罵，軟硬兼施、費盡唇舌，阿昌還是賭博。最後，工作沒了，婚也離了，父母不認他這個兒子，所有人都對他失望透頂，不想和他扯上關係。

阿昌孑然一身，卻不知悔改。只想著：「哪天要是贏了，變成有錢人，看你們這些人是否還瞧不起我？」

阿昌輸得連三餐都沒著落，只好厚著臉皮向每個認識的人「借錢」買東西吃。阿昌經常只買個麵包裹腹，省下的錢又拿去買彩券。阿昌寧可一天只吃一個麵包，也要投注彩券。這樣的行為看在阿昌父母眼裡，只是更心痛、更絕望。阿昌不僅賭輸房子、車子、工作、婚姻，還賭掉自己的人生。

房子坐北朝南者：可於宅之東南方供「百濯香」或「報恩香」。

房子坐東北朝西南者：可於宅之西南方供「百和香」、「解業香」或於宅之西方供「敬信香」或「圓融香」。

房子坐東朝西者：可於宅之南方供「敦仁香」、「解厄香」或於宅之北方、東南方供「百和香」或「解業香」。

房子坐東南向西北者：可於宅之北方供「敦仁香」、「解厄香」或於宅之東方、南方供「百和香」或「解業香」。

房子坐南向北者：可於宅之東方供「敦仁香」、「解厄香」或於宅之西南方、東方供「敬信香」或「圓融香」。

房子坐西南向東北者：可於宅之東北方供「百和香」、「解業香」或於宅之東南方供「敘禮香」或「財運福報香」。

房子坐西向東者：可於宅之西北方供「百濯香」、「報恩香」或於宅之北方、西南方供「百濯香」或「報恩香」。

房子坐西北向東南者：可於西方供「百濯香」、「報恩香」或於宅之東方、西南方供「百濯香」或「報恩香」。

# 第十三節 求身體健康

## 健康不由人

福伯因為經常口腔潰瘍，所以到醫院檢查。想不到，檢查結果出來，竟已是口腔癌第二期。其實，福伯會得口腔癌，並不令人感到意外。因為，他吃檳榔已吃了二、三十年。可是，福伯自己並不這麼想。

他忿恨不平的咆哮著：「為什麼我會得口腔癌？某甲不也吃了幾十年的檳榔，可是他卻沒事。某乙不但吃檳榔、還抽菸，身體卻壯得像頭牛。我是喜歡吃檳榔，可是平常也沒病沒痛，甚至連感冒都沒有。」

只是，無論福伯如何不滿，如何難以接受，還是改變不了罹癌的事實。

在我們身邊不乏像福伯的例子。有人抽菸多年，罹患肺癌；也有人酗酒，罹患肝癌。

但是，也有一些人，就如福伯的抱怨，平時菸、酒不拒，也不重視健康，卻活得好好的。

當然，這只是少數。

而大多數的人，則介於兩者之間。既非特別重視養身，也不會蹧蹋自己的身體，只是平平淡的過日子。那麼，在這些人當中，同樣地，有的人就是健健康康，有的則身患絕症，或疾病纏身。

為什麼？一樣是人卻有這麼多的差異？是命運嗎？還是自作自受？或者，要歸因於遺傳、環境……

或許，其中原因複雜，並非三言兩語說得清；有些變數，也是我們無法控制。但至少我們可以做到：「為了自己的健康，為了家人的幸福，不要抽菸、酗酒、吃檳榔。」

畢竟，照顧好自己的身體，是我們每一個人的責任。

房子坐北向南者：可於宅之東方供「百和香」或「解業香」。
房子坐東北向西南者：可於宅之西北方供「敬信香」或「圓融香」。
房子坐東向西者：可於宅之北方供「敘禮香」或「財運福報香」。
房子坐東南向西北者：可於宅之南方供「百和香」或「解業香」。
房子坐南向北者：可於宅之東南方供「百和香」或「解業香」。
房子坐西南向東北者：可於宅之西方供「敬信香」或「圓融香」。
房子坐西向東者：可於宅之西南方供「敘禮香」、「財運福報香」、「敬信香」或「圓融香」。
房子坐西北向東南者：可於宅之東北方供「敬信香」、「圓融香」、「敘禮香」或「財運福報香」。

# 第十四節　求壽元

## 「公媽牌」影響子孫

今年六十六歲的王阿伯身體一向硬朗，只是血壓較高，平時以銀杏保養調理身體，喜好登山，一家人生活安和樂利，子女皆有各自事業，生活上堪稱平順安然。

然而無常厄臨，就在端午節前夕，王阿伯與妻子更換天花板美術燈時，當王阿伯用力將燈轉緊時，突然感覺腦中啪一聲，猛然驚覺不對勁時已來不及了，不久後王阿伯便陷入了昏迷，手腳無力尿失禁，王妻趕緊聯繫鄰居開車送往彰化基督教醫院急診救治，經醫生診治為腦溢血，死亡率百分之七、八十。即左腦已出血如拳頭般大小，如再慢一點延伸自腦幹就算醫治也成植物人，醫師連忙安排於晚上七點開刀，開完刀時已是午夜兩點了，醫師說情況不樂觀，病人現仍昏迷中，須在加護病房觀察，當時王妻心急如焚，只能祈求上蒼並誦唸心經功德迴向。

所幸後經台北老師指引，原來是祖先牌位有問題，正在煩惱茫然誰會辦理祖先問題時，機緣巧合在玄門道場修行的師兄介紹下，王妻一顆漂浮心，才霎時有了依靠。經過叩問儀式，在仙佛聖示下准予辦理祖牌重整法事，於是王妻便誠心恭請道場的師尊至家中辦理祖牌重整法事。

法事辦完後，王阿伯也從昏迷中甦醒過來，在經過醫護人員之照顧診療後也已出院返家了，而王阿伯一家人更同心把握復健黃金時期，積極做復健。在此王阿伯非常感謝仙佛恩主慈悲，讓他從昏迷不醒到現在已可用枴杖走路，王阿伯雖覺得復健辛苦，但在其復健的路上並不感到孤單，因為王阿伯的心中有恩主的陪伴。

## 誠心感動天地

我和先生認識是在讀中興研究所時，記得當年我的人氣正旺，姻緣到了擋也擋不住，兩、三個男生追我，攻勢及耐心，一個比一個還行。

最後我多方考慮才選了與現在的先生交往，並決定將我的終生交付給他。

上天真是捉弄人，千挑萬選才選中的丈夫，竟然結婚才半年就得了絕症，醫師查不出所以然，只是肝指數上升至千點，不是肝炎也不是肝癌，住院一個多月，病情未見好轉，肝指數依然居高不下。工作從請假變成辭職，於是決定從新竹搬回豐原，住家裡也好有個照應。

就在台中中國醫藥學院住了半個月，眼見一位朋友如同先生的病症已經死去，心裡著實慌了起來。

突然想起有個大學同學及學姐都住台中，或許她們可以介紹幾位名醫也說不定，拿起電話聯絡到了學姐，沒想到她們都異口同聲，要我至台中的玄門道場請示仙佛。

身為外省姑娘的我，從小就住台北，對於求神問卜之事，總認為是怪力亂神、無稽之談，但是學姐及同學都那麼誠懇，我也只好姑且試試。從叩問的過程，讓我由不相信到不得不信有神明這回事，仙佛對先生的情形及家裡的狀況瞭若指掌，並指示，先生命不該絕，而先生的病情乃是祖先的問題引起的，因為先生是長子，現在成家立業了，所以所有的祖業都擔在身上。我回家向公公稟報這個問題，篤信神佛的公婆也馬上點香稟告家神請家神指示，擲筊求示，結果正如恩主所示，祖源有問題。

翌日公婆就與我前往台中的玄門道場叩問，恩主告知先生的問題可從兩方面解決：

一、設天台，請求上蒼開恩赦罪，並設案與冤親債主解冤釋結。

二、回家祭拜祖先並求稟，願日後超渡祖先脫離苦海。

於是請恩主選好時間後，我和公公就依時辦理，虔誠叩求上蒼的助佑。說也奇怪，先生的肝指數，住院兩個月來只升不下，設完天台並祭拜祖先後，就下降了。到了第三天就恢復正常。我們因不放心便多待了兩天，此期間肝指數也一直保持正常，醫師催促我們辦好出院手續，回家靜養幾天就可以工作了。這所有的過程，讓我不得不相信真的有神明。學科學的我，不得不承認宗教並非一般人以為的迷信，祂真能幫人解決問題、指引方向。

## 求壽元篇

房子坐北向西者：可於宅之南方供「敬信香」或「圓融香」。

房子坐東北向西南者：可於宅之西方供「敬信香」或「圓融香」。

房子坐東向西者：可於宅之東南方供「百濯香」或「報恩香」。

房子坐東南向西北者：可於宅之東方供「百濯香」或「報恩香」。

房子坐南向北者：可於宅之北方供「敘禮香」或「財運福報香」。

房子坐西南向東北者：可於宅之西北方供「敬信香」或「圓融香」。

房子坐西向東者：可於宅之東北方供「敘禮香」、「財運福報香」、「敬信香」或「圓融香」。

房子坐西北向東南者：可於宅之西南方供「敬信香」、「圓融香」、「敘禮香」或「財運福報香」。

國家圖書館出版品預行編目資料

關聖帝君促機神算：五方圓融法訣／玄興教尊指導
蔡秋生編撰.
——第一版——臺北市：宇河文化 出版；
紅螞蟻圖書發行，2013.8
面；公分.——（玄門真宗；4）
ISBN 978-957-659-936-1（平裝）

292 102014579

玄門真宗 04

關聖帝君促機神算：五方圓融法訣

指　　導／玄興教尊
編　　撰／蔡秋生
發 行 人／賴秀珍
總 編 輯／何南輝
校　　對／周英嬌、楊安妮、柯貞如、蔡秋生
美術構成／Chris' office
出　　版／宇河文化出版有限公司
發　　行／紅螞蟻圖書有限公司
地　　址／台北市內湖區舊宗路二段121巷19號（紅螞蟻資訊大樓）
網　　站／www.e-redant.com
郵撥帳號／1604621-1　紅螞蟻圖書有限公司
電　　話／(02)2795-3656（代表號）
傳　　真／(02)2795-4100
登 記 證／局版北市業字第1446號
法律顧問／許晏賓律師
印 刷 廠／卡樂彩色製版印刷有限公司
出版日期／2013年 8 月　第一版第一刷

定價 280 元　港幣 93 元

ISBN 978-957-659-936-1 Printed in Taiwan